Für Anna-Magdalena

M.S.

AF543906

Die Charité

Ein Krankenhaus für Berlin

von
Magdalena Schupelius
&
Lesley Vinson

BERLIN STORY VERLAG

„Weil nun diese Veranstaltungen ein öffentlich Werck der Christlichen Liebe, Gutthat und Mildigkeit war, so legten Sr. Königl. Majestät Selbsten diesem Haus den Nahmen der ***Charité*** bey und befahlen, dass es jederzeit also solte genennet werden, und zwar absonderlich dieser Ursachen halben, damit es jedwedem frey stünde, von seinem Ueberfluss aus Christlicher Liebe denen armen Krancken beyzuspringen, oder wie man saget, Charité zu erweisen."

Johann Theodor Eller
Erster dirigierender Arzt der Charité (1689-1760)

Die Pest, der König und eine gute Idee

Eines Tages stieg der König in seine Kutsche und fuhr nach Russland. Damit beginnt die Geschichte der Charité, des großen Berliner Krankenhauses. Der König, Friedrich I. von Preußen, wollte den russischen Zaren besuchen. Am Ende aber bescherte diese Reise der Stadt Berlin ihr berühmtestes Krankenhaus.

Nach zahlreichen Kurfürsten war Friedrich der erste König in Preußen. Ursprünglich war auch Friedrich ein Kurfürst gewesen, aber er hatte sich 1701 selbst zum König gekrönt. Sehr beliebt war er nicht. König Friedrich war einigermaßen verschwenderisch. Sein Luxusleben bezahlte er mit den Abgaben seiner Untertanen, so dass viele von ihnen in großer Armut lebten. Solange die Menschen gesund waren und arbeiten konnten, war Berlin trotzdem kein schlechter Ort zum Leben. Immerhin gab es hier Straßen, Märkte, Schulen, Kirchen, sogar ein Rathaus und ein Postamt. Nur krank werden durfte man nicht. In der ganzen Stadt gab es nämlich kein richtiges Krankenhaus. Woanders war man da weiter: In Paris etwa gab es ein großes Hospital, eine Art Herberge, in der alte und kranke Menschen versorgt wurden. Lübeck hatte so ein Hospital schon seit dem Mittelalter. Augsburg, Leipzig und Hamburg bauten wenigstens Pesthäuser. Dort wurden Kranke aufgenommen, wenn die Pest ausbrach, eine fürchterliche Seuche, an der damals viele Menschen starben. In Berlin aber gab es nicht einmal das: noch nicht einmal ein Pesthaus.

So wurde für arme Leute Krankheit schnell zur Katastrophe. Sie waren dann vollkommen auf sich gestellt. Fiel in Berlin ein armer Mann von der Leiter und brach sich ein Bein, so band er sich einen Besenstiel an den Bruch und legte sich ins Bett. Wer eine Lungenentzündung bekam, kochte sich einen Tee. Ob Masern, Mumps, Röteln, Scharlach, ein verletzter Finger oder ein entzündetes Ohr – damit mussten

1709 Preußen wird durch eine Pestepidemie bedroht

1710 Das Berliner Pesthaus ist fertig

1713 Eröffnung des „Anatomischen Theaters" für Leichensektionen

die Menschen meist allein fertig werden. Einen Krankenwagen brauchten sie gar nicht erst zu rufen. Denn wo kein Krankenhaus ist, fährt erst recht kein Krankenwagen. Reiche Leute konnten einen Arzt kommen lassen und der tat, was er konnte. Aber auch Ärzte verfügten damals nicht über das Wissen und die Möglichkeiten von heute. Sie kannten weder Bakterien noch Viren und das Operieren überließen sie den handwerklich ausgebildeten Wundärzten. Wenn also der Arzt kam und tat, was er konnte, dann hatte das oft nicht den gewünschten Erfolg. So durfte es nicht weitergehen.

Und so ging es auch nicht weiter. Denn im Jahr 1709 fuhr der König ja nach Russland. Nun war er keinesfalls aufgebrochen, um den Krankenhaus-Notstand in Berlin zu beheben. Wahrscheinlich war ihm die Lage der Kranken gar nicht bewusst, er selbst hatte ja wenigstens Hofärzte. Aber wie es der Zufall wollte, führte sein Weg ihn durch ein Gebiet, in dem gerade die Pest wütete. Von seiner Kutsche aus sah der König Dörfer, die wie ausgestorben waren. Er sah Tote am Straßenrand liegen, die mit Karren eingesammelt wurden. Und er bekam Angst. Was, so fragte er sich, wenn die Pest bis nach Preußen kam? Zurück in Berlin besprach er sich mit seinen Hofärzten. Die rieten dem

DER PESTARZT:
Warum die Pest so ansteckend war, das wusste um 1700 niemand. Ärzte vermuteten, die Krankheit übertrage sich durch die Luft, durch den „Pesthauch". Darum trugen manche Ärzte zum Schutz vor Ansteckung Schnäbel, in die sie Schwämme mit duftenden Gewürzen steckten.

1714 *In Preußen wird die Hexenverfolgung eingeschränkt*

1716 *Friedrich Wilhelm I. verschenkt das Bernsteinzimmer*

1719 *Daniel Defoe verfasst den Roman „Robinson Crusoe"*

Das Wort „Koryphäe“ klingt nach einem seltenen Meerestier, bezeichnet aber in Wirklichkeit einen Experten, der in seinem Fach viel mehr weiß und kann als andere. Koryphäen gab und gibt es an der Charité besonders oft.

* Koryphäe
Der Berliner Christian Maximilian Spener war Anatom, er beschäftigte sich also mit dem Aufbau des menschlichen Körpers. Dazu öffnete er Leichen und untersuchte ihre Organe. Man nennt das Sektion. Diese Sektionen waren für die medizinische Forschung und für den Unterricht sehr wichtig. Viele Ärzte Berlins lernten bei Spener.

König, die Stadttore schließen zu lassen, so dass niemand die Krankheit in die Stadt bringen konnte. Und Pesthäuser sollte er bauen lassen, in denen Pestkranke isoliert und versorgt werden konnten. Der König stimmte zu und ließ ein Pesthaus bauen.

Es sollte außerhalb der Stadt liegen, befahl Friedrich, an einem Ort, der „luftig“ sei und „von Winden bestrichen“. Ein solch schöner Ort wurde bald gefunden und im Sommer 1710 war das Pesthaus fertig: ein zweistöckiges Haus mit einem großen Innenhof und ausreichend Platz für etwa 70 Pestkranke. Dann jedoch kam alles anders und viel besser. Die Pest erreichte Berlin nämlich gar nicht. Aber weil das neue Gebäude nun einmal da war, sollte es auch genutzt werden. Die Armendirektion wollte mittellose und kranke Menschen dort wohnen lassen. Die Armee verlangte Räume für ein Lazarett, um kranke Soldaten versorgen zu können. Also teilten sich Armendirektion und Armee das Haus und so blieb es fast zwanzig Jahre lang. Dann hatte der Arzt Christian Habermaass die Idee, das Pesthaus noch einmal anders zu nutzen. Ein „Bürger-Lazarett“ sollte das Pesthaus werden, fand er, ein richtiges Krankenhaus für alle.

Inzwischen gab es in Preußen einen anderen König, Friedrich Wilhelm I. Er wurde auch „Soldatenkönig“ genannt, weil die Armee seine große Leidenschaft war. Es war nicht leicht, ihn davon zu überzeugen, dass seine kranken Soldaten Platz machen sollten. Habermaass und seine Unterstützer wandten eine List an: Sie erzählten dem König, dass die Armeeärzte besser ausgebildet würden, wenn sie in einem richtigen Krankenhaus unterschiedliche Krankheiten sehen und Eingriffe üben könnten. Mit diesem Wissen würden sie dann auch mehr kranke

1723 *Van Leeuwenhoek, Entdecker der Mikroben, stirbt*

1724 *Gründung des Berliner „Collegium medico-chirurgicum“*

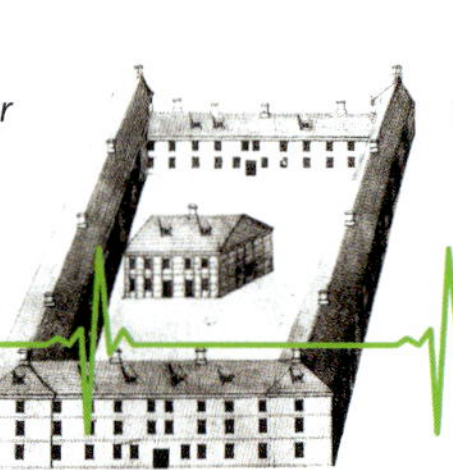

1727 *Das Pesthaus wird zum Krankenhaus Charité*

Ärzte betreuten vor 300 Jahren ihre Patienten zu Hause. Manche ließen sich in Sänften dorthin tragen. Andere, wie der Berliner Stadtarzt Ernst Ludwig Heim, nahmen ein Pferd, denn das ging schneller. Heim schaffte so etwa 80 Hausbesuche pro Woche. Heute heißt in Berlin eine Grundschule nach ihm.

und verletzte Soldaten retten. Das fand der König einleuchtend. Er genehmigte die Gründung eines Krankenhauses, in dem seine Militärärzte von nun an lernen und arbeiten sollten. Auch einen Namen wählte er: Charité. Das ist Französisch und bedeutet „Barmherzigkeit". Es war ein passender Name, weil in der Charité nach dem Willen des Königs besonders arme Menschen versorgt werden sollten, die sich einen Arzt sonst nicht hätten leisten können. Reiche Leute ließen sich wie bisher zu Hause behandeln.

„Es soll das Haus die Charité heißen." So kritzelte der König diesen Befehl auf den Rand eines Schriftstücks. Und zum Glück konnten seine Berater das entziffern…

Drei Stockwerke gab es in der Charité in diesen ersten Jahren. Im Erdgeschoss wohnten die Hospitaliten, das waren hilfsbedürftige und oft alte Leute. Kranke waren im ersten Stock untergebracht. Wer eine ansteckende Krankheit hatte, der bekam sein Bett im Dachgeschoss. Dort gab es zusätzliche Schornsteine, durch die krankmachende Dünste abziehen sollten. So stellte man sich das damals vor. Um die Räume zusätzlich zu reinigen, wurden sie manchmal ausgeräuchert.

1729 *Der Engländer Stephen Gray baut die erste Stromleitung*

1730 *Der Soldatenkönig lässt den Freund seines Sohnes hinrichten*

1733 *Der legendäre Kurfürst August der Starke von Sachsen stirbt*

Die Charité im Jahr 1729 sah fast aus wie ein großer Gutshof mit eigenen Ställen und Feldern.

Im Mittelalter und noch bis ins 19. Jahrhundert wurde sehr viel Bier getrunken. Charité-Patienten bekamen Bier, weil es nahrhafter war als Wasser. „Pier ist halb Speis", so schrieben es die bayerischen Herzöge im Mittelalter. Und im preußischen Berlin sah man das genauso. Allerdings enthielt das Bier damals auch deutlich weniger Alkohol als heute.

Dass die Charité-Gebäude heute mitten in der Stadt stehen, das liegt daran, dass Berlin um die Charité herum gewachsen ist. Damals lag sie, wie vom König gewollt, außerhalb der Stadt. Darum war es wichtig, dass das Krankenhaus sich weitgehend selbst versorgen konnte: Neben dem Haupthaus gab es einen Garten und ein Feld, um Obst, Gemüse und Getreide anzubauen. In der großen Küche wurde für alle Kranken und Gesunden der Charité das Essen gekocht. In einer eigenen Bäckerei wurde das Brot gebacken, in der Brauerei das Bier gebraut, in der Brennerei der Branntwein gebrannt. Bier und Branntwein findet man heute in Krankenhäusern nicht mehr, beides ist ja eher ungesund. Früher aber wurde den Kranken der Alkohol direkt ans Bett geliefert: Schwach gebrautes Bier war ein kräftigendes Getränk für alle Kranken und Branntwein in kleinen Mengen galt als Medikament.

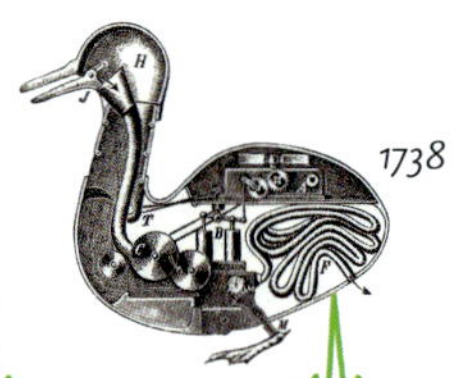

1734 *Bachs Weihnachtsoratorium wird in Leipzig uraufgeführt*

1735 *Downing Street wird Amtssitz der britischen Regierung*

1738 *Mechanische Spielzeug-Ente in Frankreich erfunden*

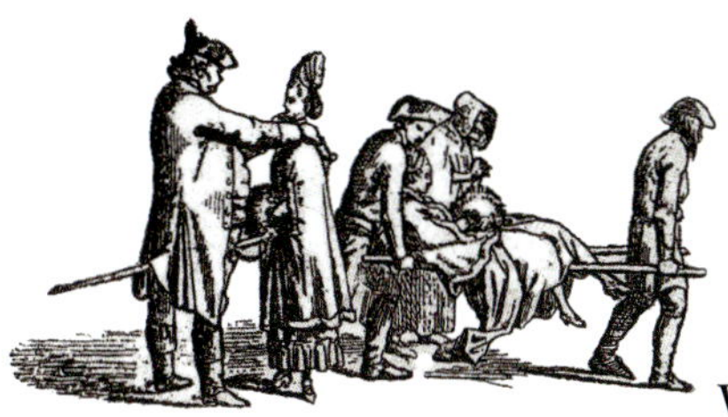

Wenn nun also so ein armer kranker Berliner den weiten Weg hinaus zur Charité bewältigt hatte, dann wurde er anfangs gut versorgt. Es gab reichlich Suppen, Brot und Gemüse und sonntags sogar Fleisch. Außerdem hatte jeder Kranke ein eigenes Bett. Letzteres kommt uns heute sehr normal vor. Wir würden uns ja kaum zu einem anderen Patienten ins Bett legen, wenn wir ins Krankenhaus müssen. Aber damals war das gar nicht selbstverständlich. In anderen großen Krankenhäusern Europas gab es meist nicht genug Betten. Darum mussten die Kranken dort zu zweit oder zu dritt im Bett liegen.

Das eigene Bett und das gute Essen empfanden die meisten Patienten der Charité als Wohltat. Endlich wurden sie satt, endlich konnten sie sich ausruhen. Und wahrscheinlich lag es hauptsächlich daran, dass eine ganze Menge Leute in der Charité gesund wurden, obwohl die Ärzte sehr viele Krankheiten noch nicht wirklich behandeln konnten. Aber eben das wollte die Charité nun ändern: Hier sollten Ärzte verschiedene Krankheiten sehen, lernen, forschen, ihr Wissen erweitern und neue Heilmethoden entwickeln. Und so kam es dann ja auch.

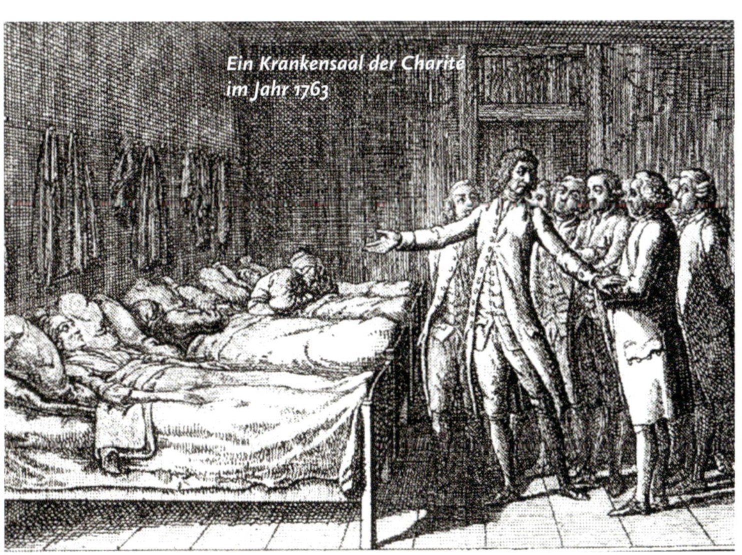

Ein Krankensaal der Charité im Jahr 1763

* Koryphäe

Johann Theodor Eller war als erster führender Arzt der Charité für innere Krankheiten zuständig. Er überwachte die Behandlung der Patienten durch die jungen Militärärzte. Außerdem war er ein guter Organisator. Er wirkte mit am preußischen „Medizinaledikt", in dem die Ausbildung und Prüfung von Ärzten neu geregelt wurde.

1740 Friedrich II. wird zum preußischen König gekrönt

1742 Der Schwede Celsius entwickelt eine Temperatur-Skala

1743 Der Philosoph Moses Mendelssohn kommt nach Berlin

Die Chirurgie als Motor der Charité

Viele Soldaten kehrten mit schrecklichen Verletzungen aus dem Krieg zurück.

Mehr als Blechnase und Holzbeine

In der Charité wurde von Anfang an viel operiert. Junge Chirurgen, Ärzte und Studenten kamen zusammen, um die älteren Chirurgen bei der Arbeit zu sehen. Diese Arbeit wurde in Berlin bewundert – und das war neu. Bevor es die Charité gab, hatten viele Berliner Ärzte wenig Respekt vor Chirurgen. Ein Arzt, so sagten sie, sei für die inneren Krankheiten zuständig. Dazu muss er sehr viel wissen, denn innere Krankheiten kann man nicht einfach angucken. Ein Chirurg dagegen, so fanden die Ärzte, behandele nur die äußeren Schäden, die jeder sehen könnte.

1746 Sensation: Die Berliner bekommen erstmals ein Nashorn zu sehen

1747 Über 100.000 Menschen leben nun in Berlin

1752 Benjamin Franklin erfindet in den USA den Blitzableiter

Besonders viele äußere Schäden gab es auf den Kriegszügen der Armee. Viele Chirurgen waren darum beim Militär angestellt. Wenn ein Soldat im Kampf verletzt wurde, dann kam der Chirurg, nur dass er nicht Chirurg hieß, sondern „Feldscher“. Das lag daran, dass er die Soldaten im Feld auch rasieren, also „scheren“ musste, wenn er sie nicht gerade operierte. Diese Feldschere versorgten offene Wunden mit Verbänden. Und manchmal amputierten sie. Das heißt, sie schnitten die verletzten Finger, Hände, Nasen, Ohren, Beine oder Arme ab. Nur so konnten sie schwer verletzten Soldaten das Leben retten.

Ein Feldscher um 1750

Im 18. Jahrhundert konnten Menschen manchmal nur durch eine Amputation gerettet werden.

An der Charité befassten sich die Chirurgen nicht nur mit Kriegsverletzungen. Sie sahen hier viele andere Krankheiten, die nur durch Operationen geheilt werden konnten. Nun waren Operationen im Krankenhaus entschieden angenehmer als Amputationen auf dem Schlachtfeld oder im Lazarett. Schön waren sie trotzdem nicht. Operationen waren damals ganz anders als heute. Es gab nämlich noch keine Narkose, keine Betäubung. Wer heute operiert wird, verschläft die Operation und merkt gar nichts. Die armen Menschen damals konnten nicht in den Schlaf geschickt werden. Der Patient

CHIRURGIE:
Das Wort „Chirurgie“ bedeutete bei den alten Griechen „Handwerk“. So sind die Chirurgen zu ihrem Namen gekommen: weil sie mit ihren Händen und Werkzeugen arbeiten.

1754 Ausnahmegenehmigung: Dorothea Erxleben promoviert als Ärztin

1755 Lissabon wird durch ein Erdbeben fast vollständig zerstört

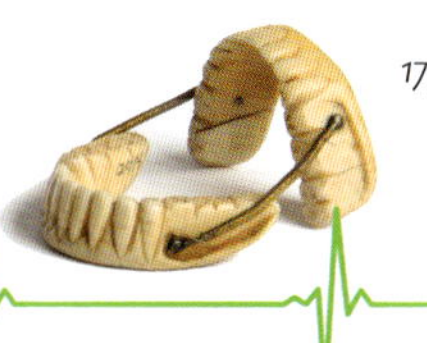

1756 Berliner Hofzahnarzt schreibt 1. deutsches Zahnmedizinbuch

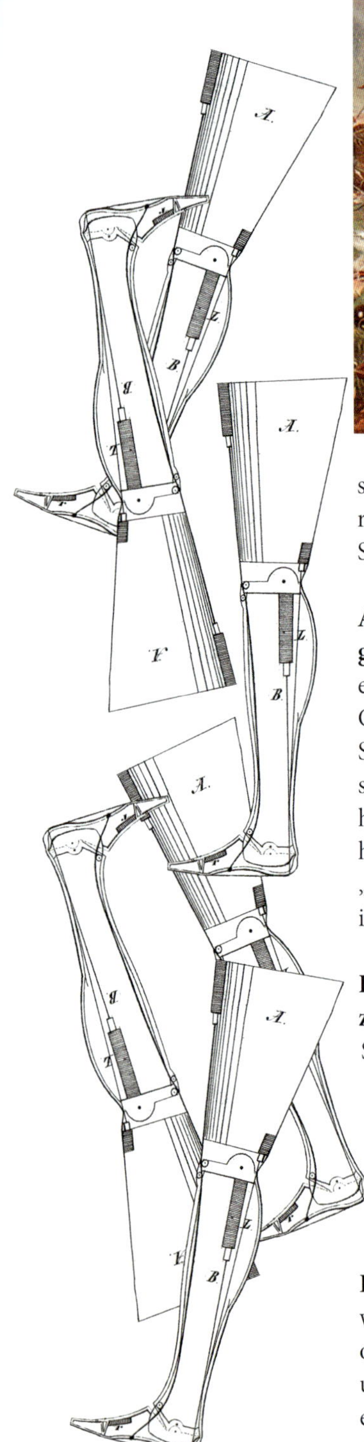

Die furchtbaren Kriegsverletzungen brachten Ärzte an ihre Grenzen.

schrie und tobte dann auf dem Operationstisch und musste von mehreren starken Männern festgehalten werden. Manchmal wurde er vor Schmerz ohnmächtig, manchmal starb er gar vor Schreck.

Aber auch wer die Operation überlebte, der war noch lange nicht gesund. Viele Menschen starben in den Tagen und Wochen nach einer Operation, egal, wie geschickt der Operateur gewesen war. Die Chirurgen machten stetig Fortschritte: Immer präziser wurden ihre Schnitte, immer feiner ihre Nähte. Manche erdachten und bauten sogar selbst neue Instrumente. Und trotzdem konnten sie Patienten häufig nicht retten. Nach der Operation bekamen viele Patienten hohes Fieber und starben. „Wundbrand" nannte man das damals oder „Hospitalbrand" – aber warum der Wundbrand auftrat und wie man ihn bekämpfen konnte, das wusste keiner.

Die ständige Bedrohung durch den Wundbrand war nicht die einzige Herausforderung, mit der die Chirurgen zu kämpfen hatten. Sie hatten keine technischen Geräte, um die Patienten während der Operation zu überwachen. Manchmal nahmen sie Eingriffe vor, die vor ihnen noch nie jemand gewagt hatte. Im besten Falle konnten sie neue Methoden an Leichen üben, aber auch damit ließen sich nicht alle Fragen vorab beantworten. Ein guter Chirurg brauchte Erfahrung, Geschick und großen Mut.

Einer, der das alles hatte, war Johann Friedrich Dieffenbach. Er war so geschickt, dass er für damalige Verhältnisse ungewöhnlich viel operieren konnte. Er operierte Krebsgeschwüre, schiefstehende Hälse und sogenannte Klumpfüße. So nannte man es damals, wenn der Fuß eines verkürzten Muskels wegen so stark nach innen gezogen wurde, dass der Betroffene nicht laufen konnte. Dieffenbach operierte auch

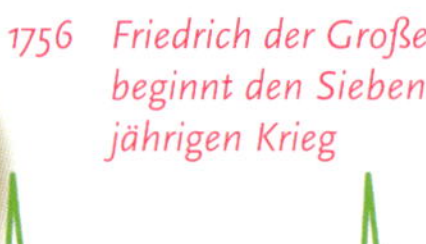

1756 Friedrich der Große beginnt den Siebenjährigen Krieg

1768 Der Schotte James Watt verbessert die Dampfmaschine

1770 Entdecker James Cook landet an der Ostküste Australiens

*** Der Pionier**
Schon vor Dieffenbach befasste sich ein anderer Charité-Chirurg mit Nasen. Carl Ferdinand von Graefe konnte vielen Soldaten helfen, die aus den napoleonischen Kriegen ohne Nase nach Hause kamen. Dieffenbach hat Graefes Methoden dann weiterentwickelt.

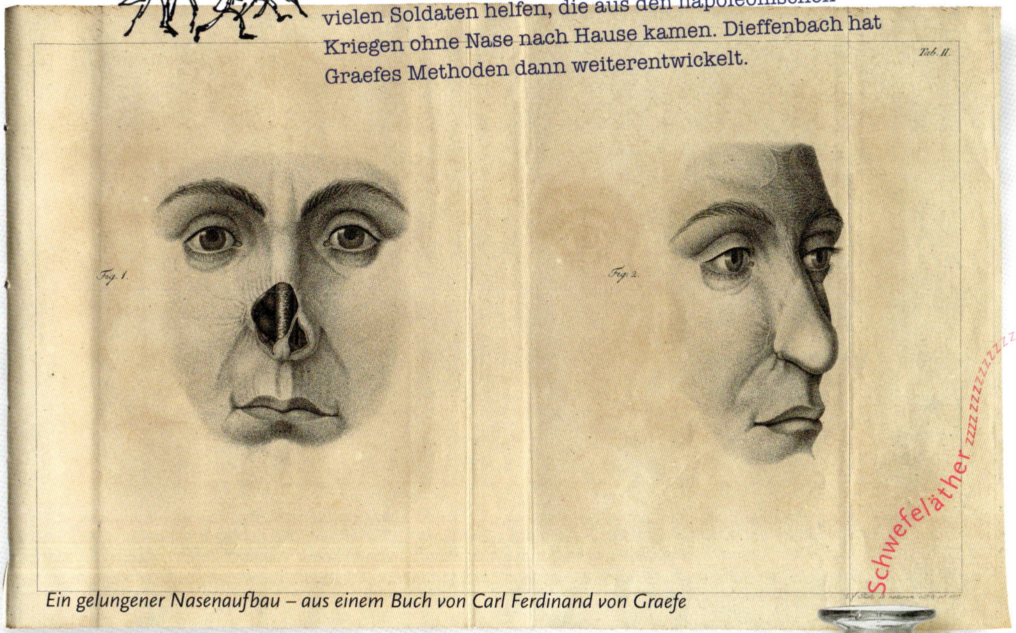

Ein gelungener Nasenaufbau – aus einem Buch von Carl Ferdinand von Graefe

Schwefeläther zzzzzzzzzzzzzzzz

Menschen, die schielten. Und schließlich gelang es ihm sogar, einem Studenten nach einem Fechtkampf die Nasenspitze wieder anzunähen. Es blieb nicht bei der Spitze der Nase: Dieffenbach entwickelte danach eine verbesserte Methode, mit der ganze Nasen nach Krankheiten oder Verletzungen neu aufgebaut werden konnten.

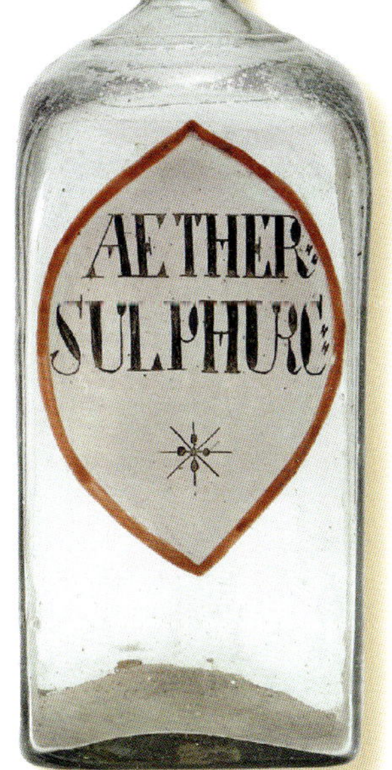

Dieffenbach wurde leider nicht sehr alt. Er starb 1847, nur ein Jahr, nachdem in Amerika eine Entdeckung gemacht worden war, die in der Chirurgie alles veränderte: Der amerikanische Zahnarzt William Thomas Green Morton erfand die Narkose. Er ließ seine Patienten Schwefeläther einatmen. Daraufhin fielen sie in eine Art Ohnmacht und konnten behandelt werden, ohne dass sie die Schmerzen spürten. Seine Erfindung war eine Sensation. Nun musste sich kein Patient mehr die Seele aus dem Leib schreien, keiner mehr strampeln und toben. Niemand musste mehr vor Schreck sterben und vor allem: Der Chirurg musste sich nicht mehr so beeilen. Er hatte nun mehr Zeit, konnte auch komplizierte Operationen sorgfältig durchführen. Dieffenbach erkannte natürlich, was das bedeutete, und schrieb kurz

1771 *Sauerstoff und Stickstoff: Der Chemiker Scheele analysiert die Luft*

1772 *Hungersnot verhilft der Kartoffel in Preußen zum Durchbruch*

1774 *Ludwig XVI. wird in Frankreich mit 19 Jahren König*

Immer mehr Ärzte spezialisierten sich im Laufe des 19. Jahrhunderts. Auf das Auge konzentrierte sich der Chirurg Albrecht von Graefe (der Sohn des Nasenchirurgen Graefe). 1868 wurde er Direktor der Augenklinik der Charité. Graefe war als Chirurg ein wahrer Künstler und außerdem ein großer Menschenfreund. Er half jedem, egal, ob er dafür bezahlt wurde oder nicht.

vor seinem Tod noch einen Bericht über den Schwefeläther. So machte er diese Narkose in Deutschland erst richtig bekannt.

Es blieb aber nicht beim Schwefeläther. Einmal erfunden, wurde die Narkose immer besser und besser. Viele Menschen forschten, bis sie schließlich die fein abgestimmten Betäubungen entwickelt hatten, die wir heute kennen. Ein Problem aber konnte auch die Narkose nicht lösen: Immer noch starben viele Menschen nach der Operation am Wundbrand – auch in der Charité. Tatsächlich passierte das in der Charité sogar besonders häufig. Die Todesfälle nach der Operation traten nämlich vor allem im Krankenhaus auf. Patienten, die zuhause operiert wurden, starben seltener an Wundbrand. Woran konnte das liegen? Schmutzig war es in der Charité nicht. Im Gegensatz zu manch anderem Krankenhaus damals waren die Krankensäle in der Charité ziemlich sauber, das Bettzeug blütenweiß, die Böden gewischt. Auch die medizinischen Instrumente blitzten und glänzten und sahen zumindest sauber aus.

Albrecht von Graefe bei einer Augenoperation

Wie also konnte der tödliche Wundbrand in der Charité bekämpft werden? Die entscheidende Idee dazu kam nicht aus Berlin, sondern von dem schottischen Arzt Joseph Lister. 1865 entdeckte er, dass Karbolsäure Bakterien abtötet. Konnte Karbol vielleicht auch den Wundbranderreger töten? Um das herauszubekommen, besprühte Lister vor den nächsten Operationen buchstäblich alles mit Karbol:

1776 Amerikanische Unabhängigkeitserklärung unterzeichnet

1781 Der Baumeister Karl Friedrich Schinkel wird geboren

1782 Friedrich Schillers „Die Räuber“ wird uraufgeführt

Den Tisch, die Instrumente, sich selbst und den Patienten. Sogar die Luft im Raum besprühte er, so dass er während der gesamten Operation in einem Nebel von Karbol stand. Und tatsächlich: Keiner der Patienten, die Lister so operiert hatte, starb an Wundbrand! Der Erfolg sprach sich herum, Reporter berichteten. So kam es, dass auch der deutsche Chirurg Heinrich Adolf von Bardeleben in der Zeitung vom Schotten Lister las. Bardeleben ließ alles stehen und liegen, fuhr nach Schottland und schaute Lister durch Wolken von Karbol beim Operieren zu. Zurück in Deutschland dann, wurde eben dieser Bardeleben leitender Chirurg an der Charité. Und darum wurden von da an auch an der Charité die Patienten im Karbolnebel operiert.

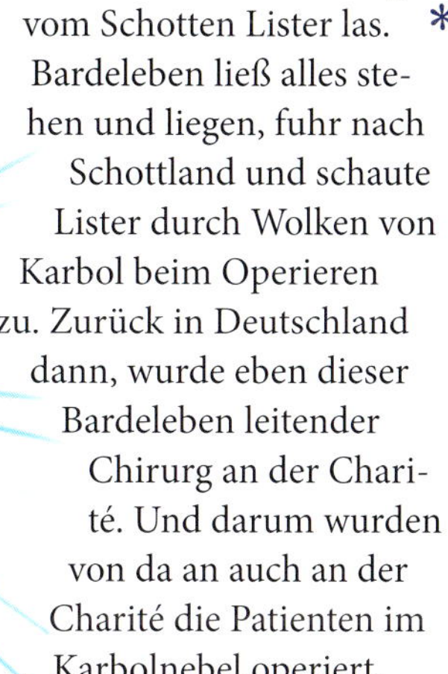

Für die Charité war das Karbol ein Durchbruch: Nirgendwo sonst gab es so viele außergewöhnlich geschickte Chirurgen. Und natürlich war es sehr frustrierend für sie gewesen, dass trotz größter chirurgischer Kunstfertigkeit die Patienten dauernd an Wundbrand starben. Damit war nun Schluss. Von nun an ging es steil bergauf. Immer kompliziertere Operationen wagten die Chirurgen, immer tiefer drangen sie vor in den menschlichen Körper, immer ausgefeilter wurden ihre Methoden. An die Stelle von Karbol und Schwefeläther traten im Laufe der Jahre besser verträgliche Desinfektionsmittel, Sterilisationsmethoden und Narkosemedikamente. Die Technik hielt Einzug in den Operationssälen der Charité, Computer, schließlich sogar Roboter. Heute finden an der Charité pro Jahr fast 80.000 Operationen statt – und der furchtbare Wundbrand spielt keine Rolle mehr.

* Koryphäe

Einer der berühmtesten Chirurgen an der Charité war Ferdinand Sauerbruch. Während des Ersten Weltkriegs erfand er ganz neue Arm- und Beinprothesen. Außerdem erdachte er Methoden, die unter anderem möglich machten, dass Chirurgen heute am offenen Brustkorb operieren können. Sauerbruch war ein genialer Arzt. Ein großer Mensch war er nicht immer und das zeigte sich besonders in der nationalsozialistischen Diktatur.

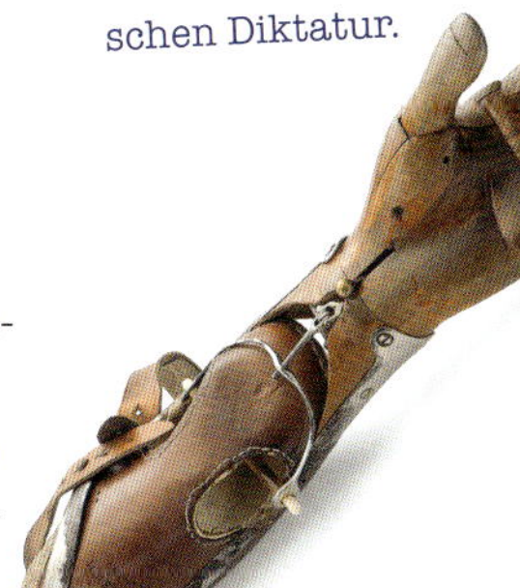

1783 Die Brüder Montgolfier erfinden den Heißluftballon

1786 Erfindung des mechanischen Webstuhls in England

1789 Sturm auf die Bastille: Die Französische Revolution beginnt

Heilen, lehren, forschen

Wer heute Arzt oder Ärztin werden will, der braucht nicht nur gute Schulnoten, der muss sich auch auf ein langes Studium einstellen. Und in Berlin studiert man Medizin an der Charité, sie ist das Lehrkrankenhaus der Universität. Vor 300 Jahren, als die Charité gegründet wurde, da war das noch anders: Es gab in Berlin gar keine Universität, an der man hätte Arzt werden können. Und Ärztin – das konnte man erst recht nicht werden, denn Frauen durften in Preußen damals noch nicht studieren. Es dauerte leider noch viele Jahre, bis sich daran etwas änderte. Woher also sollten die Ärzte kommen, die in Berlin die Kranken behandelten? Diese Frage stellte sich auch Friedrich Wilhelm I. Allerdings dachte er dabei, wie so oft, vor allem an seine Soldaten. Für sie wollte er die beste medizinische Versorgung.

Darum ließ er schon 1713, im Jahr seiner Krönung, ein sogenanntes „Anatomisches Theater" in Berlin einrichten. In diesem Theater, einem Hörsaal mit kreisförmig angeordneten Sitzen, sollten Professoren unterrichten: Ihre Schüler waren die Feldschere und Wundärzte der preußischen Armee, hinzu kamen preußische Ärzte und auswärtige Studenten. Die Feldschere waren bisher bei einem älteren Feldscher mit mehr Erfahrung in die Lehre gegangen. Sie waren also praktisch ausgebildet. So konnten sie vielleicht ein Bein amputieren – aber lesen und schreiben, das hatten viele von ihnen nicht gelernt. Auch über das Innere des Menschen, über Krankheiten und deren Behandlung wussten sie nicht besonders viel. Das sollte nun anders werden.

* Koryphäe

Erst 1908 wurden Frauen in Preußen zum Studium zugelassen. Zu diesem Zeitpunkt hatte Rahel Hirsch nicht nur ihr Medizinstudium in Zürich abgeschlossen – sie hatte auch schon ihre Forschungen an der Charité präsentiert. Dass eine Frau so etwas kann, das glaubte damals fast niemand. Rahel Hirsch bewies es allen! Im Jahr 1913 wurde sie an der Charité die erste Professorin für Medizin in Preußen. Als Jüdin von den Nazis verfolgt, floh sie 1938 nach England.

1790 *Der englische Arzt Hunter verwendet eine Magensonde*

1792 *In der französischen Armee werden Krankenwagen eingesetzt*

1793 *In Paris beginnt die Schreckensherrschaft der Jakobiner*

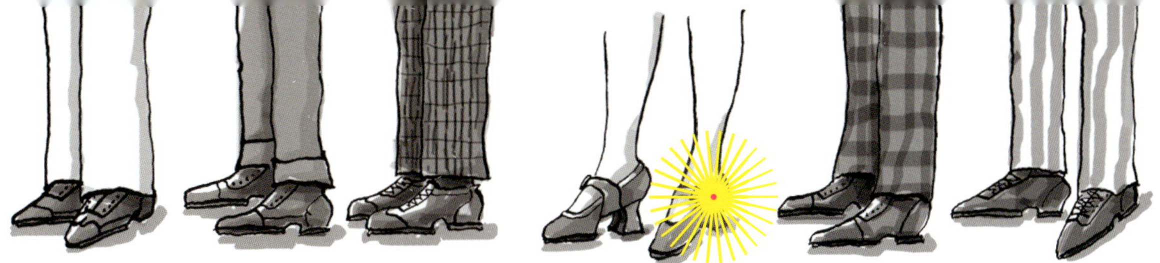

Zunächst einmal erhielten die Studenten Unterricht in Anatomie, sie lernten also alles über den Aufbau des menschlichen Körpers. Im November 1713 sezierte der erste Anatomielehrer Berlins, Hofrat Christian Spener, im Anatomischen Theater erstmals einen Leichnam. Spener öffnete den toten Körper, zeigte Knochen, Bänder, Muskeln und Organe und erklärte sie. Nicht nur Feldschere, Militärärzte und Studenten sahen zu – auch interessierte Berliner durften dabei sein. Neugierig drängelten sie sich in der letzten Reihe und versuchten, einen Blick auf den Leichnam zu erhaschen. Für sie

EID DES HIPPOKRATES:
Mediziner berufen sich in Erinnerung an einen berühmten Arzt der Antike auf den „Eid des Hippokrates". Damit verpflichten sie sich, dem einzelnen Kranken nie zu schaden und seine Geheimnisse zu bewahren.

Auch Operationen konnten die Studenten im Hörsaal verfolgen.

1795 *Gründung der militärärztlichen Akademie „Pépinière"*

1796 *Edward Jenner impft einen kleinen Jungen gegen Pocken*

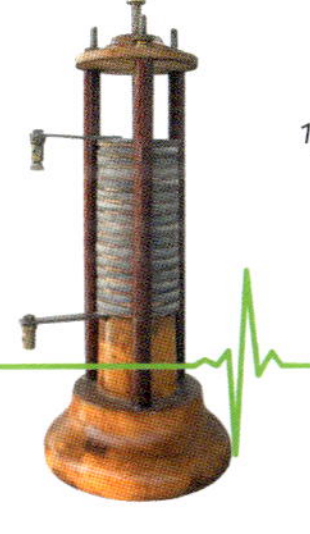

1799 *Der italienische Physiker Alessandro Volta erfindet die Batterie*

So sah die Charité um 1850 aus! Um 1800 hatte dieses Gebäude das ursprüngliche Pesthaus komplett ersetzt.

war die Vorführung eine Sensation, für die Studenten eine wichtige Lehrstunde. Aber allein Anatomie zu lernen, das genügte nicht.

Also wurde der Auftrag des Anatomischen Theaters auf Befehl des Königs einige Jahre später erweitert. Nun erhielten die Studenten neben dem in Anatomie auch Unterricht in Chemie und Botanik, in Verbands- und Operationslehre, Heilmittellehre und allgemeiner Krankheitslehre. Friedrich Wilhelm I. berief dazu 1724 ein „Collegium medico-chirurgicum“: Professoren, die ihr Wissen an die Studenten weitergeben sollten. Ihre Vorlesungen hielten sie, so hatte es der König verlangt, in „teutscher Sprache“, also nicht, wie sonst üblich, auf Latein. Und sie unterrichteten nicht nur im Anatomischen Theater. Der Unterricht fand manchmal auch in der Hofapotheke statt oder im Heilkräutergarten des Botanischen Gartens.

Waldmeister

1727 kam ein weiterer Lehrort dazu: Von da an nämlich lernten die Studenten, so wie heute auch noch, in der Charité. Viele Professoren des Collegiums waren nun gleichzeitig dort Ärzte. Direkt am Krankenbett erklärten sie den Studenten alles, was sie selbst über Krankheiten wussten. Auf diese Weise lernten die angehenden Mediziner viel mehr als vorher: Nun konnten sie endlich sehen, was sie vorher nur im Hörsaal gehört hatten. Sie lernten, Patienten selbst zu untersuchen. Sie sahen die Auswirkungen von Krankheit und Behandlung direkt am Patienten und konnten die Kranken über längere Zeit begleiten. Das Collegium medico-chirurgicum und die Charité lehrten die Studenten beides: Das medizinische Wissen und das ärztliche Handwerk. Das sprach sich herum. Bald kamen Medizinstudenten von anderen Universitäten in Deutschland, um den Ärzten an

1801 *Die Existenz des unsichtbaren UV-Lichts wird bewiesen*

1804 *Schmerzmittel: Der Apotheker Sertürner entdeckt das Morphium*

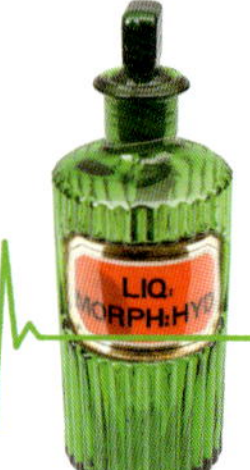

1806 *Napoleon zieht siegreich durch das Brandenburger Tor*

der Charité über die Schulter zu schauen. Eine Universität hatte Berlin da immer noch nicht – aber Medizin konnte man in der preußischen Königsstadt trotzdem studieren.

Weil sie auf Wunsch des Königs der Armee angehörten, hießen die Ärzte an der Charité nicht einfach nur Doktor oder Professor. Sie wurden zu Regimentschirurgen ausgebildet und konnten später zum Generalchirurgen aufsteigen. In Preußen, wo Soldaten sehr beliebt waren, klang das sehr viel besser. In den Anfangsjahren des Krankenhauses waren es oft der Generalchirurg Gabriel Senff und der spätere Generalstabsmedicus Theodor Eller, die jede Woche zweimal auf Pferden hinaus zur Charité ritten, um nach den Patienten zu schauen und Studenten zu unterrichten. An den restlichen fünf Tagen der Woche kamen sie nicht. Da kümmerten sie sich als Hof- und Leibärzte um die Krankheiten des Königs oder als Privatärzte um die reicheren Kranken. An diesen Tagen versorgten darum sogenannte Pensionär-Chirurgen die Patienten der Charité. Das waren Feldschere, die sich durch das Collegium medico-chirurgicum weiterbilden ließen und dafür etwas Geld, eine sogenannte Pension, erhielten. Für die Patienten war das eine sehr gute Sache: Es war nämlich damals in Krankenhäusern keineswegs üblich, dass immer ein Arzt anwesend war, und richtige Schwestern oder Pfleger gab es auch noch nicht.

* Koryphäe
Christoph Wilhelm Hufeland war nicht nur leitender Arzt an der Charité, sondern auch Experte für Gesundheitspolitik und Berater des Königs. Als die königliche Familie im Jahr 1806 vor den französischen Truppen aus Berlin fliehen musste, kam Hufeland als Leibarzt mit. 1809 kehrte er nach Berlin zurück und ein Jahr später wurde Hufeland Leiter der medizinischen Abteilung der neuen Universität.

1795 dann wurde in Berlin die Pépinière gegründet, eine Schule nur für Militärärzte. Die Ausbildung dauerte vier Jahre, aber bevor sie die überhaupt beginnen durften, mussten die Studenten ein halbes Jahr in der Armee dienen. Danach zogen sie um in die Pépinière, wo sie nicht nur lernten, sondern auch wohnten. Die medizinischen Kurse erteilte zunächst das Collegium medico-chirurgicum. Neben der Medizin erhielten die angehenden Ärzte auch Unterricht in militärischen Fächern wie etwa Karten- oder Waffenkunde. Das letzte Studienjahr verbrachten sie dann in der Charité. Auf jeder Station des Krankenhauses mussten sie eine Zeitlang arbeiten, um alle Bereiche der Medizin kennenzulernen. So ein Studium war teuer. Wer sich aber verpflichtete, acht Jahre in der Armee als Arzt zu dienen, dem bezahlte der preußische Staat die Ausbildung an der Pépinière. Auch so berühmte Mediziner wie Rudolf Virchow oder Emil von Behring

1810 Die ersten Studierenden kommen an die Berliner Universität

1811 Der Anatom Bell entschlüsselt die Aufgaben der Nerven

1813 Völkerschlacht bei Leipzig: Napoleon wird besiegt

wurden mit einem solchen Militärstipendium an der Berliner Pépinière ausgebildet.

Das Collegium medico-chirurgicum bestand bis 1809. Dann sorgte der berühmte preußische Gelehrte und Staatsmann Wilhelm von Humboldt dafür, dass Berlin endlich eine Universität bekam. Die Professoren des Collegiums wechselten fast alle an die neu gegründete medizinische Fakultät, also die medizinische Abteilung der Universität. Und nun begannen die ersten 117 Studenten hier ihr Medizinstudium. In der Charité lernten sie jetzt nicht mehr. Die Gründer der Universität fanden die Charité zu groß und zu verwirrend für die Ausbildung am Krankenbett. Darum richtete die Universität nun eine eigene kleine Lehrklinik für ihre Studenten ein.

Medizinstudenten mussten schon immer viel lernen und lesen. Im Laufe der Zeit nahm die Zahl der Bücher stetig zu: Je mehr erforscht wurde, desto mehr Lehrbücher wurden geschrieben. Die armen Studenten mussten also noch mehr lernen und noch mehr und noch mehr... Heute füllen die Lehrbücher für Medizin ganze Bibliotheken.

Aber das reichte nicht. Es dauerte nicht lange, und dann war die Charité wieder im Rennen: Mit der Vielfalt an Patienten und Krankheiten dort konnte die kleine Klinik der Universität

1815 *Wiener Kongress: Europa wird neu geordnet*

1816 *Ein extrem kalter Sommer führt zur Hungersnot in Europa*

1817 *Der Forstmeister Karl Freiherr von Drais erfindet das Fahrrad*

nämlich nicht mithalten. Schon bald übernahmen die Professoren der Universität wieder Ämter an der Charité. So kam im Jahr 1839 auch der Mediziner Johann Lucas Schönlein als Professor nach Berlin an die Charité. An einer Universität, so dachte sich Schönlein, muss Wissen überprüft und bewiesen sein. Warum sollte das nicht auch im Krankenhaus gelten? Schönlein fing an, Patienten genauer zu untersuchen, er hörte ihre Lunge und ihr Herz ab und maß ihre Temperatur. Was er hörte, sah und maß, das notierte er. Dann zog er daraus seine Schlüsse.

Auch heute noch gehört zum Medizinstudium beides: Theorie und Praxis. Inzwischen gibt es an der Charité etwa 7000 Studierende der Medizin. Weit mehr als die Hälfte von ihnen sind Frauen.

Auf diese Weise brachte Schönlein die Arbeitsweisen der Universität in die Charité. Und nun konnte die Charité endgültig alles bieten: die Versorgung der Kranken, die umfassende Ausbildung der Studenten und die Erforschung der Krankheiten. Von überall her kamen Studenten und Professoren, um an der Charité zu lernen, zu lehren und zu forschen. Und tatsächlich wurden viele der allerwichtigsten Entdeckungen in der Geschichte der Medizin dann genau hier gemacht: in Berlin, im Armenkrankenhaus – in der Charité.

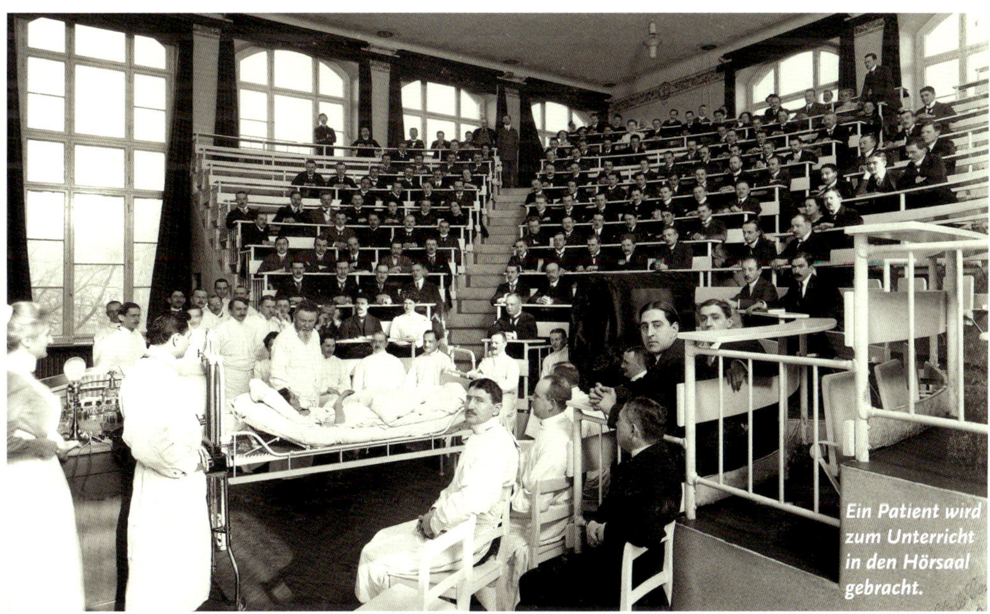

Ein Patient wird zum Unterricht in den Hörsaal gebracht.

1825 Louis Braille entwickelt in Paris die Blindenschrift

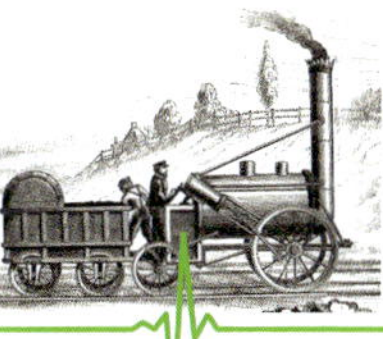

1825 Die erste Dampfeisenbahn der Welt fährt in England

1831 In Berlin bricht die Cholera aus und viele Menschen sterben

So sehen Zellen heute unter einem modernen Mikroskop aus.

Der Mensch unter der Lupe

*** Koryphäe**
Rudolf Virchow war auch in der Politik aktiv. Jede Zelle im Körper sei gleichberechtigt, wenn auch unterschiedlich begabt, sagte Virchow. Und die Gleichberechtigung, die im Zellenstaat gilt, die wollte Virchow auch politisch durchsetzen.

1832 *Die Krankenwärterschule an der Charité wird gegründet*

1833 *Das berühmteste Findelkind Europas, Kaspar Hauser, stirbt*

1836 *Charles Darwin kehrt von seiner Forschungsreise zurück*

Warum aber werden denn Menschen nun eigentlich krank? Zu allen Zeiten war das die wichtigste Frage der Ärzte. Überall auf der Welt versuchten Menschen, die Ursachen von Krankheiten zu verstehen. Wenn wir wissen, warum bestimmte Krankheiten auftreten, dann können wir vielleicht etwas tun, um zu verhindern, dass wir sie überhaupt bekommen. Und selbst wenn das nicht geht – sobald Ärzte überblicken, was bei Erkrankungen im Körper eines Menschen passiert, können sie sehr viel besser helfen.

Ganz früher, da glaubten die Menschen, Krankheiten seien Strafen der Götter. Und wenn es nicht die Götter waren, vermuteten sie Dämonen

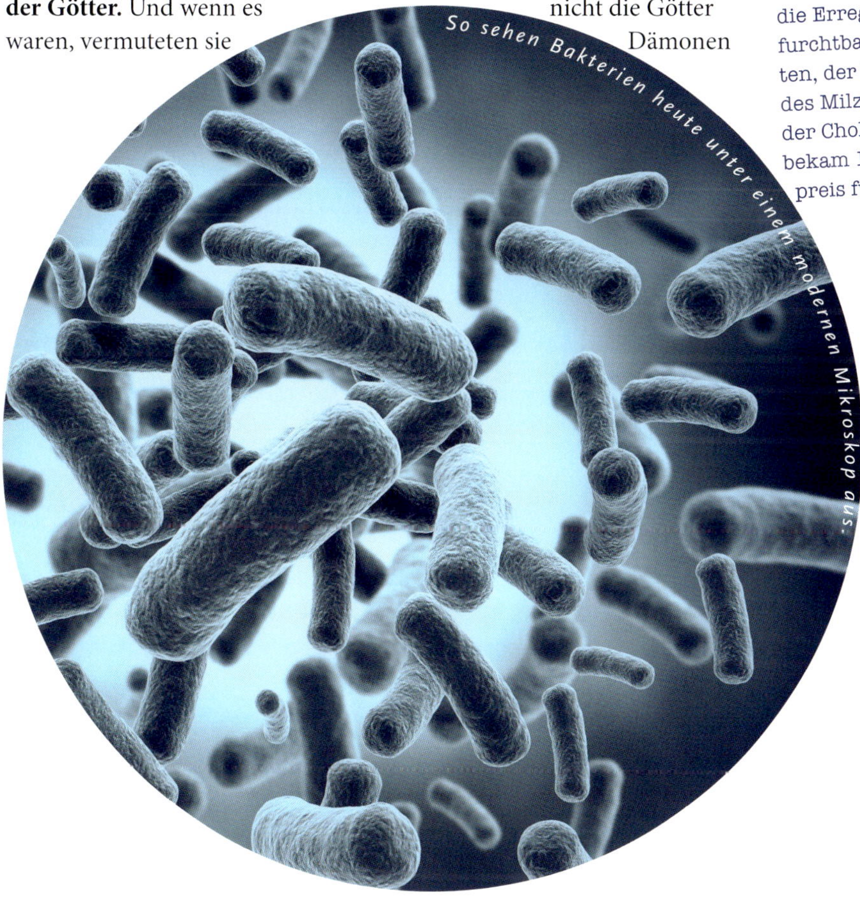

* Koryphäe
Robert Koch wollte eigentlich Naturforscher werden und in die Welt hinaus. Aber erst spät im Leben konnte er sich auf abenteuerliche Reisen in ferne Länder begeben. Er entdeckte die Erreger mehrerer furchtbarer Krankheiten, der Tuberkulose, des Milzbrandes und der Cholera. Koch bekam 1905 den Nobelpreis für Medizin.

So sehen Bakterien heute unter einem modernen Mikroskop aus.

1839 Der US-Chemiker Goodyear stellt erstmals Hartgummi her

1840 Jakob von Heine beschreibt die Kinderlähmung

1842 Der im Jahr 1248 begonnene Kölner Dom wird weitergebaut

Antoni van Leeuwenhoek und seine Zeichnungen

Beim Aderlass sollten die krankmachenden Säfte mit dem Blut aus dem Körper laufen.

oder Zauberer am Werk. Ärzte waren eigentlich überflüssig. Gegen Götter und Dämonen, so meinten die Leute, könne man eh nichts machen. Ein Kranker konnte nichts anderes tun, als um Heilung zu beten. Nicht alle glaubten das. Schon 2000 Jahre vor Christus versuchten einige Ärzte im alten Ägypten und in China, Kranke ohne die Hilfe der Götter zu heilen. Der berühmteste Arzt der Antike aber wurde Hippokrates, der um 460 vor Christus in Griechenland geboren wurde. Er untersuchte seine Patienten und beobachtete genau. Nicht die Götter verursachen die Krankheiten, schloss Hippokrates, die Krankheiten entstehen im Menschen. Der menschliche Körper bestehe nämlich aus Säften. Krank wird der, dessen Säfte durcheinander geraten.

Die meisten Ärzte übernahmen Hippokrates' Vorstellung von den durcheinander geratenen Körpersäften und hielten über viele Jahrhunderte daran fest.

Einige aber forschten und erweiterten das Wissen der Mediziner im Laufe der Jahre: Anatomen untersuchten im späten Mittelalter Leichen genauer, um zu verstehen, wie der menschliche Körper aufgebaut ist. Der Niederländer Antoni van Leeuwenhoek baute sich sogar ein Mikroskop und entdeckte damit um 1675 kleine Tierchen in Blut, Wasser und Speichel. Nie zuvor hatte jemand sie gesehen. Van Leeuwenhoeks Zeichnungen sind darum die ersten Abbildungen dieser winzigen Lebewesen: Es waren Bakterien, die er aber als solche noch nicht zu deuten wusste.

1844 Morse-Nachricht von Washington nach Baltimore übermittelt

1846 Narkose: US-Zahnarzt operiert erstmals betäubten Patienten

1848 Revolution: Bürger fordern liberalen deutschen Nationalstaat

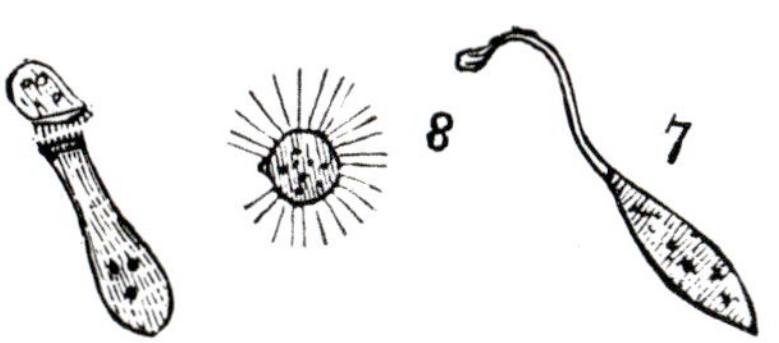

Zu Beginn des 19. Jahrhunderts dann kannten sich die Mediziner schon ganz gut aus. Sie wussten, wie ein menschlicher Körper aufgebaut ist, wie das Blut durch den Körper fließt und dass Krankheiten ansteckend sein können. Aber das war es dann eben auch. Wie genau Krankheiten übertragen wurden, das wussten sie nicht. Und vor allem tappten sie immer noch im Dunkeln, was die Ursachen von Krankheiten angeht. Stattdessen stellten sie wilde Vermutungen an: Krankheiten werden durch giftige Dämpfe verursacht, die aus der Erde aufsteigen, mutmaßten manche. Und andere glaubten noch weit über tausend Jahre nach dessen Tod an die Säftelehre des Hippokrates. Auf jeden Fall, da waren sich die Ärzte einig, müsse, wer krank ist, entgiftet werden. Darum wurden viele innere Krankheiten mit Brechmitteln und Abführmitteln behandelt. Auch Blutgefäße öffneten Ärzte zum Aderlass, sie legten Blutegel an und setzten Schröpfgläser auf. Heilung brachte das meist nicht.

Eine Lupe hat nur eine Linse. In einem Mikroskop liegen mehrere Linsen in einem Tubus, einer Röhre, übereinander. Noch heute werden solche Lichtmikroskope in Laboren genutzt. Inzwischen gibt es aber auch Elektronenmikroskope. Sie können Teilchen sichtbar machen, die durch ein Lichtmikroskop nicht zu erkennen wären.

Es bedurfte erst eines neuen Hippokrates, damit die Medizin wieder einen großen Sprung nach vorne machen konnte. Jemand, der wie Hippokrates bereit war, ganz neue Wege zu gehen, sehr genau zu beobachten, viel nachzudenken und zu kombinieren – nur so einer konnte wirklich Neues bewegen. An der Charité gab es dann nicht nur einen neuen Hippokrates, es gab gleich mehrere. Einer davon war Rudolf Virchow. Er kam 1839 nach Berlin, um Medizin zu studieren und wurde später Arzt an der Charité. Virchow gab sich mit dem vorhandenen Wissen nicht zufrieden. Schon als junger Mann war er ein Forscher, einer, der mehr herausfinden wollte. An der Charité untersuchte er die Organe verstorbener Menschen unter dem Mikroskop. Woran waren sie gestorben? Wie hatte die Krankheit ihre Organe verändert?

Rudolf Virchows Mikroskop von 1850

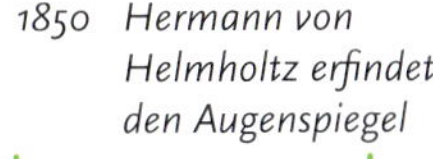
1850 Hermann von Helmholtz erfindet den Augenspiegel

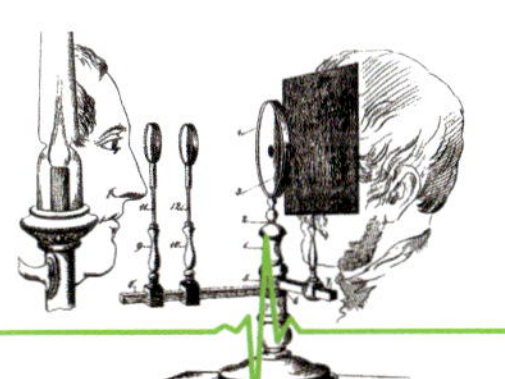

1851 Charité-Arzt Ludwig Traube führt die Fieberkurve ein

1858 Begründung der modernen Pathologie durch Rudolf Virchow

Virchow bereitete Körperteile so auf, dass Forscher und Studenten an ihnen lernen konnten. In seiner Sammlung waren fast alle damals bekannten Krankheitsbilder zu sehen.

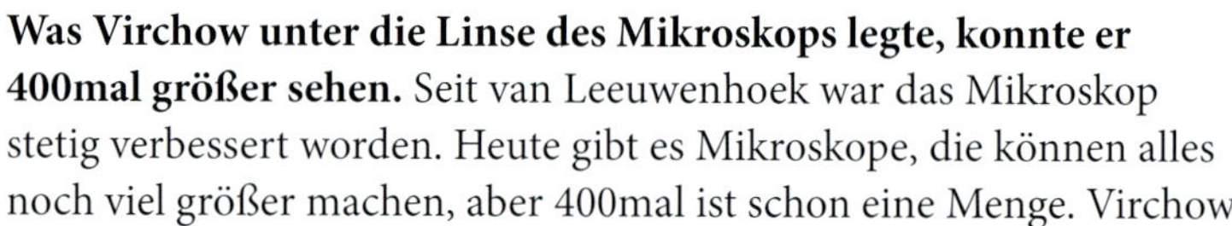

Was Virchow unter die Linse des Mikroskops legte, konnte er 400mal größer sehen. Seit van Leeuwenhoek war das Mikroskop stetig verbessert worden. Heute gibt es Mikroskope, die können alles noch viel größer machen, aber 400mal ist schon eine Menge. Virchow schaute sich alles genau an: das Herz, die Lunge, die Arterien und Venen, durch die das Blut fließt, und auch das Blut selbst. Er unterteilte das Körpergewebe in immer kleinere Einheiten.

Dabei entdeckte er, dass der Mensch aus Zellen besteht. Die Zelle, so vermutete Virchow, ist der kleinste Baustein im Körper, der alles in sich hat, was es zum Leben braucht. Und jeder dieser Bausteine hat eine Aufgabe. Bei kranken Menschen sahen manche Zellen anders aus als bei gesunden, das konnte Virchow im Mikroskop erkennen. Darauf baute er seine Idee: Krankheiten entstehen, wenn Zellen nicht mehr richtig arbeiten. Krankheit, so sagte Virchow 1858, kommt von innen.

Einige Jahre später als Rudolf Virchow kam ein anderer Mediziner nach Berlin: Robert Koch. Genau wie Virchow, so war auch Koch ein richtiger Forscher. Schon als Kind bewunderte er den berühmten Naturwissenschaftler Alexander von Humboldt, der die Welt bereist hatte und in ganz unbekannte Gebiete vorgedrungen war. Wie sein Vorbild reiste auch Koch später um die Welt und entdeckte viele Dinge. Seine wichtigste Entdeckung aber, die machte er, so wie Virchow, mit Hilfe des Mikroskops.

Auf der Suche nach der Ursache der Tuberkulose, einer schlimmen Krankheit, entdeckte Koch winzige stäbchenförmige Lebewesen im Gewebe erkrankter Tiere. Bei gesunden Tieren fand er sie nicht. Irgendwie mussten die winzigen Wesen in den Körper der kranken Tiere eingedrungen sein. Nach langen Beobachtungen und vielen Versuchen konnte Robert Koch beweisen, dass es diese Lebewesen waren, die Tuberkulose auslösten: Kleine Organismen, Bakterien, können krank machen. Krankheit, so sagte Koch um 1882, kommt von außen.

1861 Der Arzt Semmelweis entwickelt Hygieneregeln für Ärzte

1862 Otto von Bismarck wird preußischer Ministerpräsident

1863 Gründung des Internationalen Hilfskomitees vom Roten Kreuz

Robert Koch in seinem Labor

LABOR:
„Labor“ ist das lateinische Wort für „Arbeit“. Ein Labor ist also ein Arbeitsplatz für Naturwissenschaftler. Fast alle großen Entdeckungen wurden und werden im Labor gemacht.

Und nun? Wer hatte denn nun recht? Virchow oder Koch? Tatsächlich hatten beide recht. Und weil sie beide kluge Männer waren, wussten sie das auch. Aber eigentlich hätte jeder es ein bisschen schöner gefunden, wenn nur er im Recht gewesen wäre. Und darum haben sie sich gern gestritten. Aber sie hatten trotzdem immer Respekt voreinander.

Beide sind noch heute weltberühmt. Robert Koch entdeckte nicht nur den Erreger der Tuberkulose. Er schaffte es, viele verschiedene Arten von Bakterien zu identifizieren, die er dann bestimmten Krankheiten zuordnen konnte. Vor allem aber, und das war vielleicht das wichtigste, hatte er die entscheidenden Ideen, wie man Bakterien erforschen konnte: Es gelang ihm, eine bestimmte Bakterienart ganz allein zu züchten und so zu färben, dass er sie später immer wieder erkennen konnte. Wenn er die gefärbten Bakterien auf gesunde Tiere übertrug, so konnte er an ihnen die Wirkung der Bakterien beobachten. Im Prinzip wird heute noch genau so an Bakterien geforscht. Auch Rudolf Virchow ist für die Medizin bis heute, also fast 200 Jahre später, sehr wichtig. Bei sehr vielen Krankheiten werden auch heute Proben des kranken Gewebes unter dem Mikroskop betrachtet, um veränderte Zellen zu entdecken. Je nach Art der Veränderung wählt dann der Arzt die passende Behandlung für den Patienten.

1864 Louis Pasteur macht Lebensmittel durch Erhitzung keimfrei

1866 Siemens baut den Dynamo und erzeugt elektrische Energie

1866 Der schwedische Chemiker Alfred Nobel erfindet das Dynamit

Dienst am Menschen

Berlin wuchs. Im Jahr 1710, als das Pesthaus gebaut wurde, hatte Berlin rund 55.000 Einwohner. Hundert Jahre später waren es schon über 160.000 und noch einmal hundert Jahre weiter, im Jahr 1910 – da waren es mehr als zwei Millionen. Wo mehr Menschen leben, da werden auch mehr Menschen krank. Die Charité musste also im Laufe der Jahre immer mehr Kranke versorgen.

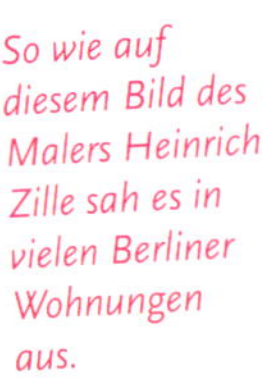

So wie auf diesem Bild des Malers Heinrich Zille sah es in vielen Berliner Wohnungen aus.

1871 *Das Deutsche Reich wird gegründet*

1873 *Lepra: Der norwegische Arzt Gerhard Hansen entdeckt den Erreger*

1881 *Die durchschnittliche Lebenserwartung liegt knapp unter 40 Jahren*

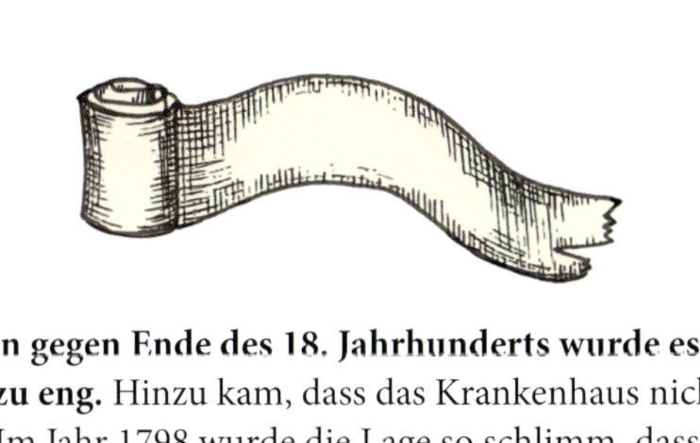

Schon gegen Ende des 18. Jahrhunderts wurde es in der Charité zu eng. Hinzu kam, dass das Krankenhaus nicht gut in Schuss war. Im Jahr 1798 wurde die Lage so schlimm, dass der Pfarrer der Charité einen verzweifelten Bericht an das preußische Königspaar schickte. Darin listete er alles auf, was in der Charité nicht in Ordnung war: Das Badewasser sei morastig, schrieb er, und immer wieder würden Frösche in den Badebecken der Kranken planschen. Nicht einmal Vorhänge vor den Fenstern gebe es, dafür Schwärme von Fliegen in den muffigen Krankenzimmern. Manchmal seien nicht genug Matratzen für die frisch operierten Patienten da. König Friedrich Wilhelm III. und Königin Luise waren entsetzt und der König stellte mehr Geld zur Verfügung. Die Charité wurde daraufhin komplett ab- und dann wieder neu aufgebaut. Im Jahr 1800 waren die neuen Gebäude fertig. So hätte eigentlich alles gut werden können.

Erst nach 1900 entstanden in Deutschland erste weltliche Pflegeschulen. Trotzdem erhielten Pflegekräfte auch dann noch lange nicht die Anerkennung, die ihnen zusteht.

Aber niemand hatte vorhergesehen, was nun geschah. Denn genau zu der Zeit, als die Charité neu gebaut wurde, entstanden in Berlin auch die allerersten Fabriken. Schnell wurden es mehr. Die Berliner Fabriken stellten Lampen her, Munition, Blechdosen, Schmieröl, Teppiche und mehr. Auf der Suche nach Arbeit strömten Tausende Arbeiter und Arbeiterinnen in die Stadt und bald wurden die Wohnungen knapp. Wer eine Wohnung hatte, nahm Untermieter bei sich auf. Wer keine Wohnung hatte, konnte mit etwas Glück „Trockenwohner" werden und für wenig Miete in neu gebauten Häusern so lange unterkommen, bis die feuchten Wände getrocknet waren. Das war sehr ungesund, aber Trockenwohner hatten wenigstens ein Dach über dem Kopf. Die Fabriken hatten einige Menschen reich gemacht und

PFLEGE:
Kein Patient im Krankenhaus würde ohne sie je gesund werden: Pflegerinnen und Pfleger. Heute sind sie umfassend medizinisch ausgebildet und übernehmen Aufgaben, die über reine Pflege weit hinausgehen.

1882 Entdeckung des Tuberkelbazillus durch Robert Koch

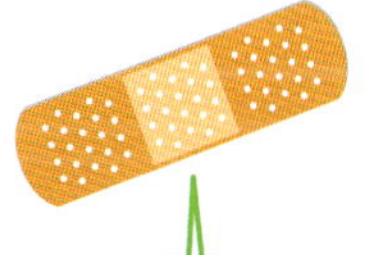

1882 Paul Beiersdorf meldet das Klebepflaster zum Patent an

1883 Arbeiter in Deutschland werden krankenversichert

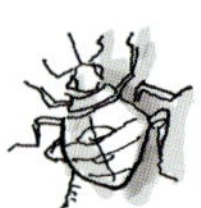

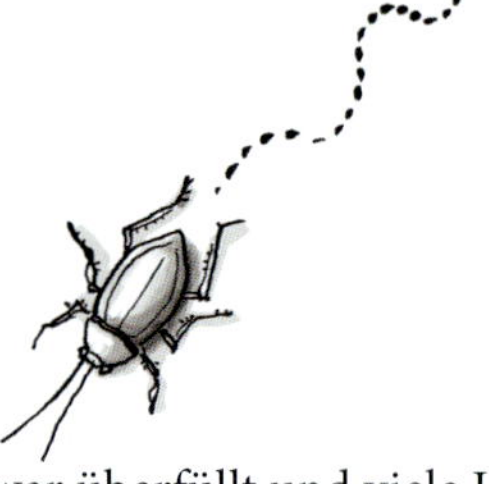

viele sehr arm. Die Stadt Berlin war überfüllt und viele Leute lebten hier in bitterer Armut.

Bald schon wurde es darum auch in der neuen Charité wieder zu eng. In die Schlafsäle mussten immer mehr Betten gestellt werden. In den großen Krankensälen standen nun 30, manchmal 40 Betten. Man kann sich vorstellen, wie es da zuging: Es war laut, unruhig und es stank ganz fürchterlich. Im Winter wurde nur selten gelüftet, um die Kosten für die Heizung zu sparen. Im Sommer wurde nur selten gelüftet, weil mit der heißen Luft Mücken und Fliegen ins Zimmer kamen. Manche kochten in den Krankensälen über Gaskochern heimlich ihr eigenes Essen, weil ihnen das Charité-Essen nicht schmeckte. An Stelle von Toiletten benutzten die Patienten hölzerne Eimer. Es gab keine richtigen Badezimmer und fließend Wasser nur im Erdgeschoss.

Nicht nur die Patienten litten unter der Enge, dem Chaos und dem Gestank. Ebenso schlimm war es für die Krankenschwestern und Pfleger, die in der Charité arbeiten mussten. In den Anfangsjahren der Charité hatte kein Einziger von ihnen eine Ausbildung. Den Beruf „Krankenschwester" oder „Pfleger", den gab es noch nicht. Die Pflegekräfte hießen „Krankenwärter". Jeder, der wollte, konnte Krankenwärter sein. Und manche, die nicht wollten, mussten Krankenwärter sein: Wenn ein Patient seine Rechnung nicht zahlen konnte, so durfte er, wenn er wieder gesund war, nicht nach Hause gehen. Er oder sie musste bleiben und in der Charité so lange arbeiten, bis die Schulden beglichen waren. Dann schleppte er Wasser in Eimern herbei. Er schrubbte Toiletteneimer, schüttelte das Stroh in den Betten, fuhr schmutzige Wäsche in Schubkarren zur Wäscherei, verteilte Essen, putzte, wusch Patienten – und hatte niemals Pause.

Diese Krankenwärter oder Krankenwärterinnen arbeiteten sehr hart und waren trotzdem nicht anerkannt und schlecht bezahlt. Allerdings fehlte es ihnen auch an Wissen. Um das zu ändern, gründeten

* Koryphäe
Diesem Arzt konnte man hier im Buch schon begegnen: Johann Friedrich Dieffenbach war aber nicht nur ein begnadeter Chirurg – er setzte sich auch in anderen Bereichen für seine Patienten ein. So war Dieffenbach einer der ersten, die erkannten, dass nur gut ausgebildete Pflegekräfte die Patienten umfassend versorgen können. Darum gründete er nicht nur die Krankenwärterschule, er schrieb auch das Lehrbuch dazu: „Anleitung zur Krankenwartung".

1885 *Carl Friedrich Benz: erste Probefahrten mit dem Automobil*

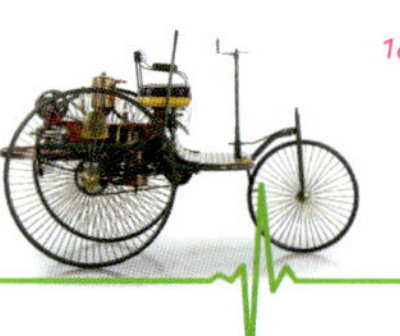

1886 *Tausende Kinder unter fünf Jahren sterben in Preußen an Diphtherie*

1892 *Erste Diphtherie-Impfungen durch Emil von Behring in Berlin*

die beiden Ärzte Johann Nepomuk Rust und Johann Friedrich Dieffenbach 1832 eine Krankenwärterschule an der Charité. Hier konnten die zukünftigen Krankenwärter lernen, wie man Patienten richtig pflegt. Mit einer Pflegeausbildung, wie es sie heute gibt, hatte das noch nicht sehr viel zu tun – heute müssen Krankenschwestern und Pfleger viel mehr lernen. Aber die Schule war ein Anfang. Und einige Jahre später kamen die ersten Diakonissen als Krankenschwestern nach Berlin an die Charité. Diakonissen leben ähnlich wie Nonnen in einer Gemeinschaft und widmen ihr Leben Gott. Darum wollen sie den Menschen helfen: als Krankenschwestern, Kindergärtnerinnen oder Lehrerinnen. An der Charité wurden sie dringend gebraucht. Diese Schwestern waren keine ungelernten Hilfskräfte. Sie wurden sehr gut ausgebildet und außerdem machten sie, anders als manche Krankenwärter, ihre Arbeit freiwillig.

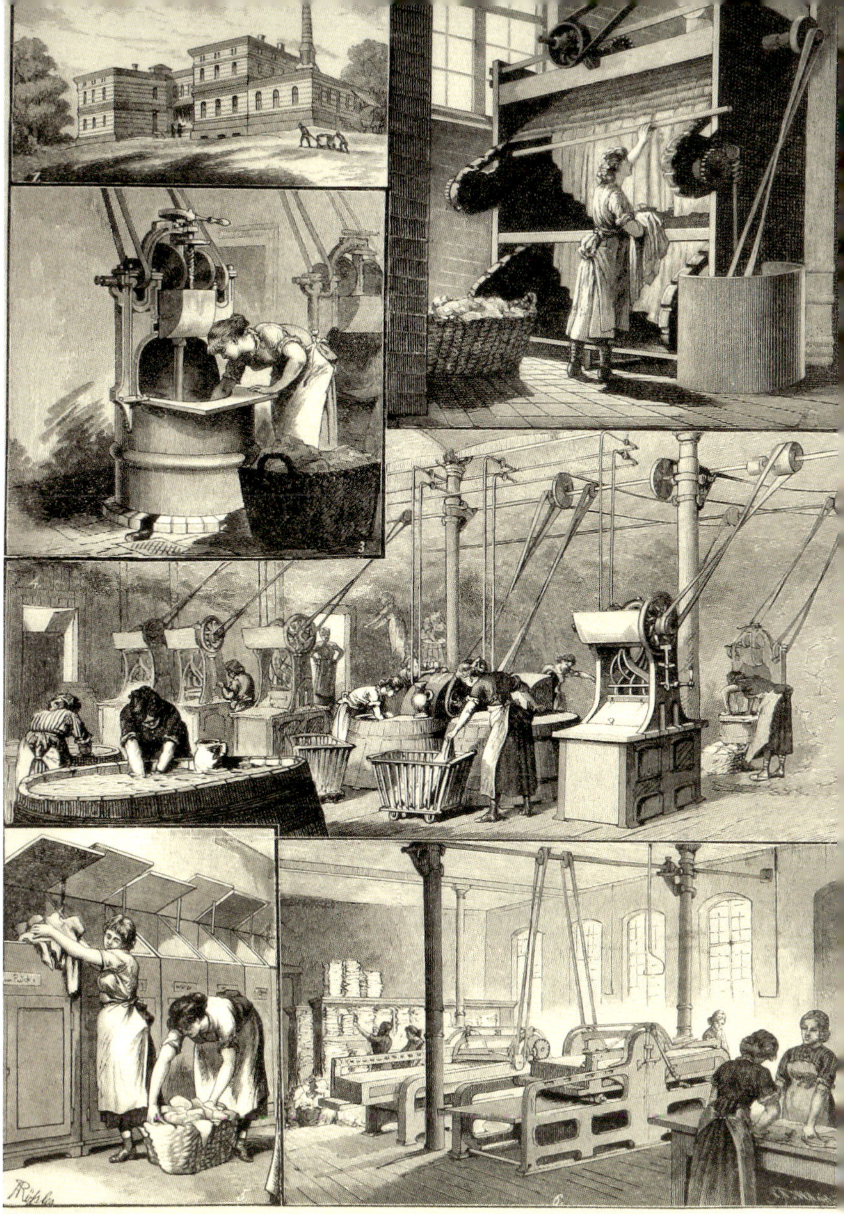

In der Dampfwaschanstalt der Berliner Charité.
1. Anstaltsgebäude. 2. Trockenmaschine. 3. Centrifugal-Trockenmaschine. 4. Waschhalle. 5. Sortiren der Wäsche. 6. Rollen der Wäsche

In der Wäscherei der Charité wurden täglich Berge schmutziger Laken, Handtücher und Nachthemden gewaschen.

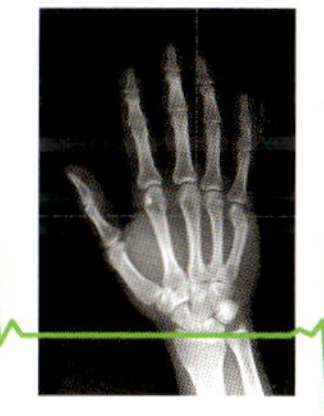

1895 Röntgen fotografiert das Innere des menschlichen Körpers

1897 Die Acetylsalicylsäure wird entdeckt – der Wirkstoff in Aspirin

1900 Der Österreicher Landsteiner entschlüsselt die Blutgruppen

Durch die Erfindung des Automobils wurde der Krankentransport zur Charité sehr viel angenehmer und außerdem schneller. Die Krankenschwester empfing den Patienten schon am Wagen.

Natürlich konnten auch die Diakonissen und die ausgebildeten Krankenwärterinnen keine Wunder bewirken. Sie konnten die Kranken noch so gut pflegen – was nützte es, wenn sie zu Hause ohne Licht, in schmutzigen, engen Wohnungen ohne sauberes Wasser lebten? Dann wurden sie doch eh gleich wieder krank! Tatsächlich blieb dieses Problem über viele Jahre ungelöst. Und es war nicht zuletzt diese Not, die um 1859 den berühmten Rudolf Virchow dazu brachte, neben seinem Beruf als Arzt und Forscher auch noch Politiker zu werden. Im Stadtparlament kämpfte er dafür, dass man in Berlin besser leben konnte – und dafür, dass alle sauberes Wasser bekamen. Virchow schaffte es, dass Berlin eine der ersten Städte der Welt wurde, die eine zentrale Wasserversorgung und Abwasserentsorgung hatten.

Eine Kaiserswerther Diakonisse in Tracht

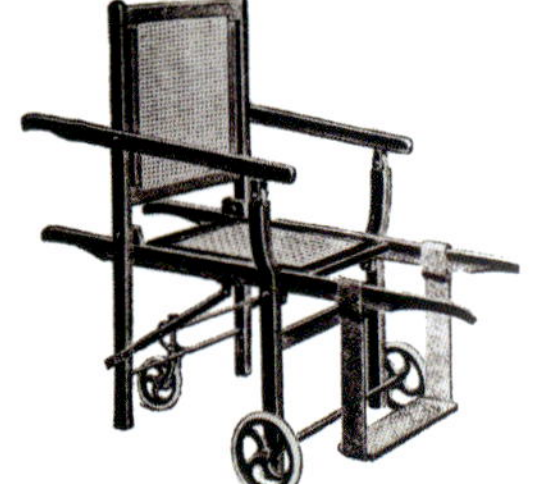

Ein Problem aber konnte auch Virchow nicht lösen: Die Charité war immerzu in Geldnot. Wer im Krankenhaus liegt, der benötigt

1901 *Emil von Behring bekommt den ersten Nobelpreis für Medizin*

1904 *Kinderschutz: Deutschland verbietet Kinderarbeit unter 12 Jahren*

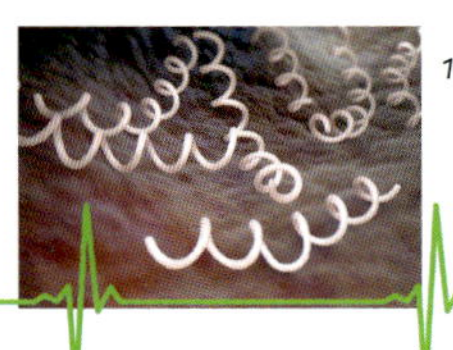

1905 *An der Charité wird der Syphiliserreger entdeckt*

frische Bettwäsche, Essen und Trinken. Eine Ärztin oder ein Arzt muss die Kranken behandeln, Schwestern und Pfleger versorgen sie. Jemand muss putzen, die Wäsche machen und kochen. Das alles kostet Geld und nicht alle Kranken können das aus eigener Tasche bezahlen. Im Eingang der Charité stand darum früher ein Opferstock, in den freundliche Menschen Spenden warfen. Viele Kosten übernahm die Armenkasse. Aber die Zahl der Kranken nahm zu und die Behandlungen wurden im Laufe der Jahre aufwändiger und teurer. So war das Geld immer knapp.

Das änderte sich erst, als Ende des 19. Jahrhunderts in Deutschland die Krankenversicherung für alle Arbeiter eingeführt wurde. Die Fabrikbesitzer mussten nun für jeden ihrer Arbeiter eine feste Summe in eine große Kasse zahlen. Wenn jemand verunglückte oder krank wurde, so konnte er mit dem Geld aus dieser gemeinsamen Kasse seinen Krankenhausaufenthalt bezahlen. Krankenkassen funktionieren noch heute genau wie vor 150 Jahren: Viele Menschen zahlen gemeinsam in eine Kasse, egal, ob sie krank sind oder gesund. Wenn dann einer krank wird, dann ist genug Geld da. Von dieser Idee haben am Ende alle etwas: Die Kranken sind gut versorgt, die Gesunden wissen, dass sie im Notfall abgesichert sind. Und die Charité und alle anderen Krankenhäuser müssen nicht immerzu um ihr Geld bangen.

Die Diakonissen waren die ersten weiblichen Pflegekräfte, die angemessen bezahlt wurden. Zwar bekam den größten Teil des Geldes das Diakonissen-Mutterhaus, aber trotzdem zeigte die bessere Entlohnung Wirkung: Nach und nach wurden dann auch die Gehälter der anderen Wärterinnen in der Charité angehoben.

Und noch etwas bewirkte die neue Krankenkasse damals um 1900 in der Charité: Die Patienten wurden selbstbewusster. Schließlich bezahlten sie für die Behandlung. Überfüllte Krankensäle und schlechtes Essen – das nahmen die Patienten nun nicht mehr hin. Darum wurden zwischen 1896 und 1917 die Charité-Gebäude noch einmal abgerissen und neu aufgebaut. Jetzt hatte die Charité endlich helle Backsteinbauten mit kleineren Krankenzimmern, großen Fenstern und Balkonen, guten Wasserleitungen, Toiletten und modernen Operationssälen. Viele dieser Gebäude stehen heute noch. Und mittendrin bekam Rudolf Virchow ein wunderschönes neues Institut mit großen Laboren und Studierzimmern und obendrein ein eigenes Museum.

1905 *Albert Einstein entwickelt die spezielle Relativitätstheorie*

1906 *Der „Hauptmann von Köpenick“ besetzt das Köpenicker Rathaus*

1908 *Der zweijährige Puyi wird zum letzten Kaiser Chinas gekrönt*

Hilfe für psychisch Kranke

Krankheit der Seele

PSYCHIATRIE:
Die Psychiatrie beschäftigt sich mit Störungen des Denkens, Fühlens und Handelns. Im 19. Jahrhundert erkannte man, dass es hierbei um Krankheiten geht, die behandelt werden können.

1910 *„Mensch ärgere dich nicht" kommt auf den deutschen Markt*

1912 *Die Titanic sinkt auf der Jungfernfahrt nach New York*

1913 *Rahel Hirsch wird die erste deutsche Medizin-Professorin*

Wenn man weiß, wie schwer es für Mediziner war, die Krankheiten zu verstehen, die sie mit eigenen Augen sehen konnten – dann kann man erahnen, wie schwierig es ist, Krankheiten zu heilen, die nie wirklich sichtbar sind. Durch die Sektionen, die Chirurgie, die Labormedizin und schließlich durch die Erfindung des Röntgengeräts bekamen Ärzte nach und nach einen ganz guten Einblick in den menschlichen Körper. So konnten sie nachvollziehen, was genau bei einer Krankheit im Inneren des Menschen geschieht. Was aber, wenn jemand psychisch krank wird? Wenn er oder sie krankhaft traurig wird, Dinge sieht, die da gar nicht sind? Wenn er sich oder andere verletzen möchte, nicht mehr essen kann oder nicht mehr schlafen? Wenn er eben in seiner Seele leidet? Diese Leiden erfasst man nicht mit Stethoskopen und Thermometern. Verbände und Operationen können sie nicht heilen. Und darum war es zu allen Zeiten so furchtbar schwer, solchen Kranken zu helfen. Weil es aber so schwer war, hat es lange gedauert, bis die Psychiatrie ein eigenes medizinisches Fach wurde. Es war ein Segen, als das geschah – und nicht zuletzt Medizinern der Charité zu verdanken. Aber dazu kommen wir noch.

* Koryphäe
Der Charité-Arzt Wilhelm Griesinger hat mit seinen Überlegungen die Psychiatrie vorangebracht. Er sorgte auch dafür, dass an der Charité die erste neurologische Station Deutschlands eingerichtet wurde. Neurologen beschäftigen sich mit dem Nervensystem. Jeder Mensch hat mehrere Milliarden Nervenzellen. Sie steuern alles: das Denken, das Fühlen, das Sprechen und unsere Bewegungen.

Erst einmal geht es darum, wie die Charité überhaupt zu ihrer psychiatrischen Abteilung kam. Diese Geschichte beginnt mit einem Brand: Im Jahr 1798 brannte in Berlin das Tollhaus. Das Tollhaus war, anders als der Name verheißt, in keiner Weise toll. Als „toll“ bezeichnete man damals Menschen, die man für verrückt hielt. Heute verwenden wir „toll“ meist anders, aber in dem Wort „Tollwut“ etwa kommt es noch so vor. Wer in Berlin also psychisch krank wurde und sich so verhielt, dass es für andere schwer verständlich oder gar unerträglich wurde, der galt als „toll“ oder „irre“, und „Irre“ kamen ins Tollhaus. Niemand half ihnen dort, sie wurden einfach eingesperrt. Dieses schreckliche Tollhaus also brannte. Und weil es in Berlin noch keine Feuerwehr gab, konnte der Brand nicht gelöscht werden. Das Tollhaus brannte komplett nieder. Die Bewohner wurden gerettet und umgehend in die Charité gebracht, weil niemand wusste, wo sie sonst hin sollten. Für immer sollten sie da nicht bleiben, in der Charité wurden ja eigentlich keine psychischen Krankheiten behandelt. Aber es kam anders: Die Charité-Ärzte sperrten die psychisch Kranken

Im Tollhaus: eingesperrt und angebunden

1914 Das Deutsche Reich löst den Ersten Weltkrieg aus

1916 Ferdinand Sauerbruch entwickelt künstliche Gliedmaßen

1918 Spanische Grippe: Bis 1920 kostet sie Millionen das Leben

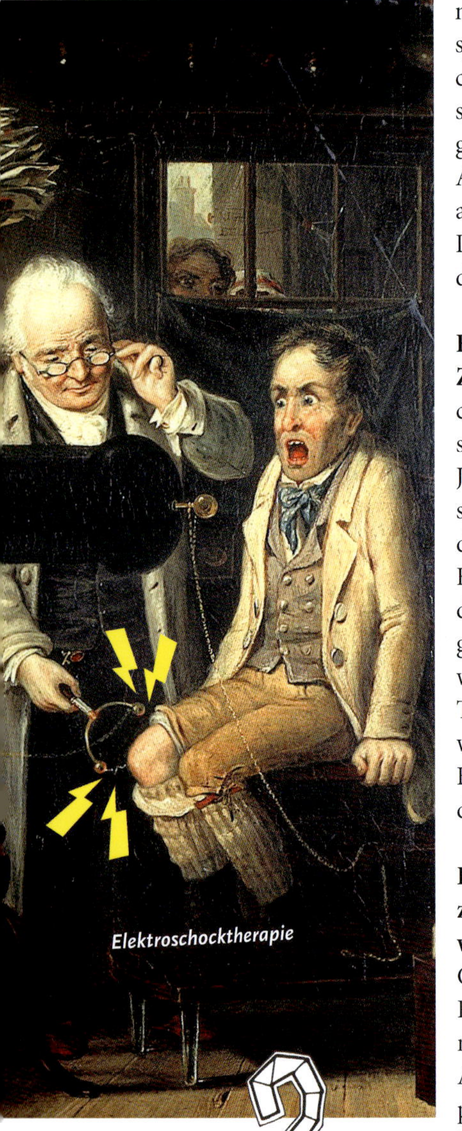
Elektroschocktherapie

nämlich nicht ein – sie versuchten, sie zu heilen. Und das sprach sich herum. Familien brachten Angehörige mit psychischen Erkrankungen nun in die Charité. Ärzte begannen, sich ernsthaft mit diesen Krankheiten zu beschäftigen. Bald gehörte die Psychiatrie fest zur Charité. Allerdings hieß die Abteilung noch nicht Psychiatrie, sie hieß tatsächlich „Irrenabteilung“, ein anderes Wort hatte man noch nicht dafür. Die Leitung der Abteilung übernahm Anfang des 19. Jahrhunderts der Mediziner Ernst Horn.

Für die Patienten der Irrenabteilung brachen nun neue Zeiten an. Über Jahrhunderte waren Menschen mit psychischen Erkrankungen im besten Fall weggesperrt, im schlimmsten Fall gequält und verlacht worden. Noch im 18. Jahrhundert glaubten manche Menschen, psychisch Kranke seien vom Teufel besessen. Nun endlich erkannten Ärzte, dass diese Menschen einfach krank waren, dass auch diese Krankheiten Auslöser hatten und oft heilbar waren. Allein diese Erkenntnis war ein großer Gewinn: Die „Irren“ waren genauso krank wie alle anderen Patienten der Charité. Weder waren sie vom Teufel besessen, noch hatten sie schlimme Taten begangen. Sie waren krank. Warum sie aber krank waren, das wusste leider trotzdem immer noch niemand. Die Behandlungen, die sich Ernst Horn nun ausdachte, die waren darum ein bisschen wie ein Stochern im Nebel.

Da die Patienten sich außerhalb der Klinik im Leben nicht zurechtfanden, wollte Horn ihnen erst einmal beibringen, wie man sich zu verhalten hatte. Schon bald ging es in der Charité zu wie auf einem Übungshof der Armee. Manche Patienten der Irrenabteilung marschierten im Gleischschritt mit Holzgewehren und sandgefüllten Rucksäcken auf und ab. Andere mussten im Garten arbeiten. Auf der Station war es picobello sauber und ordentlich. Wer nicht gehorchte, wurde bestraft. Auch Lesungen gab es, einer der stabileren Patienten las dann Bücher vor. So sollte der kranke Geist möglichst vielfältig angeregt und gelenkt werden. Ernst Horn hoffte, die Patienten so zu

1922 *Erste Diabetesbehandlung mit Insulin in Toronto, Kanada*

1927 *Charles Lindbergh überfliegt den atlantischen Ozean*

1928 *Alexander Fleming entdeckt das Penicillium*

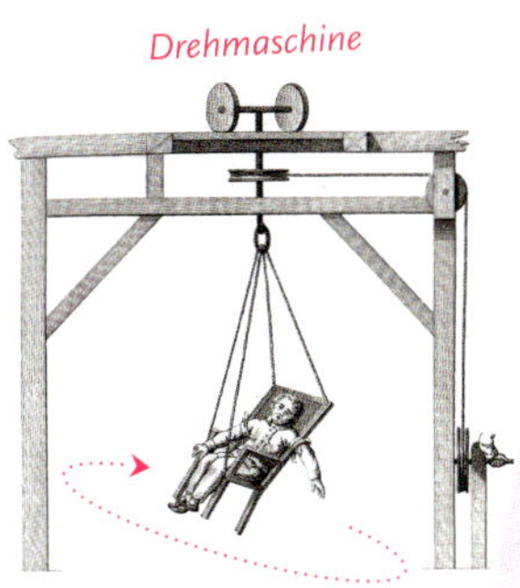

heilen. Aber das funktionierte in den meisten Fällen nicht.

Heilende Strahlen

Nun kamen weitere Behandlungsmethoden zum Einsatz. Irgendetwas in dem Kranken musste ganz entschieden durcheinander geraten sein, nahmen einige Mediziner an. Und vielleicht, so vermuteten sie, bedurfte es nur eines tüchtigen Schocks, um den Menschen wieder in einen gesunden Zustand zu versetzen. Dazu wurden die Kranken nun mit kaltem Wasser übergossen oder mit Brenneisen traktiert. Dann schaffte Horn auch noch eine Drehmaschine an. Die hatte ein Engländer erfunden und sie galt damals als Wunderwaffe im Kampf gegen Geisteskrankheit. Die Patienten wurden auf die Liege in der Mitte der Maschine geschnallt und heftig im Kreis gedreht. Auf diese Weise sollte Blut aus dem Rest des Körpers in den Kopf fließen und eine Heilung bewirken. Keiner der Ärzte an der Charité wollte die Kranken quälen. Sie glaubten wirklich, den Patienten so helfen zu können.

Ruhestuhl

Die Behandlungen in der Psychiatrie im 19. Jahrhundert waren nicht naturwissenschaftlich begründet. Die Ärzte probierten vieles aus. So versuchten sie es mit Drehmaschinen, Ruhestühlen oder Elektroschocks.

Einige Jahre nach Ernst Horn kam der Arzt Wilhelm Griesinger an die Charité und änderte vieles. Jede Krankheit, so erklärte Griesinger, müsse einen Platz haben im Körper. Wenn also jemand psychisch krank ist, so muss es ein Feld im Gehirn geben,

1929 *Der Arzt Werner Forßmann legt sich einen Herzkatheter*

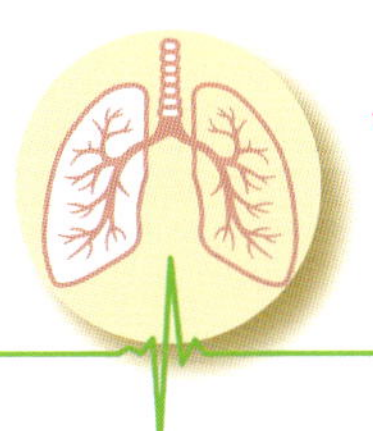

1931 *Der Chirurg Rudolf Nissen entfernt einen Lungenflügel*

1933 *Adolf Hitler wird zum Reichskanzler ernannt*

Der Saal für Nervenkranke in der Charité um 1910

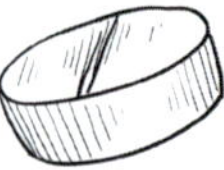

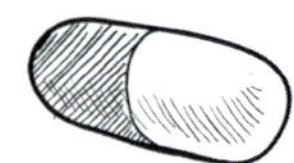

wo diese Krankheit sitzt. Wie vor ihm von Graefe und Dieffenbach und wie nach ihm Virchow und Koch war er in der Lage, ganz eigene Ideen zu entwickeln. Einerseits stellte er fest, dass psychische Erkrankungen eben Krankheiten des Gehirns sind. Andererseits schaute er sich aber auch die Lebensgeschichte der Kranken sehr genau an. Nur wer ihre Geschichte wirklich genau kannte, der konnte helfen, meinte Griesinger, denn oft hatte eine psychische Erkrankung viele Ursachen. Außerdem lehnte er es ab, die Patienten gegen ihren Willen zu behandeln. Eiswasserbäder und Drehmaschinen ließ er abschaffen.

Nicht alle seine Ideen konnte Griesinger durchsetzen und nicht in allen Punkten hatte er recht. Aber es war ein Anfang. Außerdem war es Griesinger, der als erster den Begriff „Psychiatrie" benutzte. Nach und nach setzte sich das Wort durch. „Irrenanstalten" und „Tollhäuser" waren damit endlich erledigt. Die Psychiatrie wurde endgültig ein Teilgebiet der Medizin. In der Charité begannen Ärzte auch im Fach Psychiatrie intensiv zu forschen. Erfahrenen Psychiatern gelang es jetzt immer wieder, psychisch Kranken zu helfen.

Dennoch, es fehlte in der Psychiatrie noch viele Jahre an gesichertem Wissen. Wenn ein Patient mit gebrochenem Bein in die Charité gebracht wurde, dann wurde das Bein geschient, in schwierigen Fällen operiert. Jeder Arzt wusste, wie er vorzugehen hatte. In der Psychiatrie war vieles komplizierter.

1937 Der deutsche Zeppelin „Hindenburg" stürzt bei New York City ab

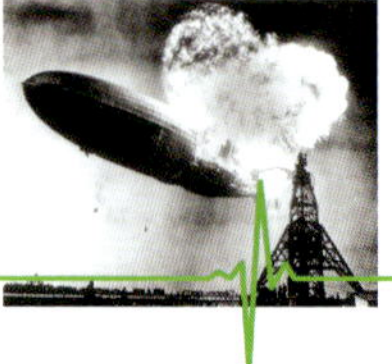

1938 Reichspogromnacht: Judenverfolgung nimmt neue Dimensionen an

1939 Der Deutsche Überfall auf Polen führt zum Zweiten Weltkrieg

Siegmund Freud war ein Neurologe, der um 1900 in Wien arbeitete. Auch in Berlin wurden seine Ideen diskutiert. Freud nahm an, dass psychische Erkrankungen oft mit Erlebnissen und Erinnerungen zusammenhängen, die ein Mensch tief in sich vergraben hat. Auch an der Charité übernahmen manche Ärzte Freuds Methoden.

Besonders deutlich wurde das Problem, nachdem Deutschland 1914 den Ersten Weltkrieg begonnen hatte. In diesem Krieg benutzten die Armeen moderne Waffen. Giftgas wurde eingesetzt. Soldaten erlitten furchtbare Verletzungen und mussten unvorstellbare Grausamkeiten mit ansehen. In der Charité wurden nun unzählig viele junge Männer mit Kriegsverletzungen behandelt. Auf dem Gelände der Klinik waren Männer ohne Beine auf Rollbrettern unterwegs, Krücken wurden Mangelware. Es gab Männer, die hatten nur noch ein halbes Gesicht. Anderen waren die Hände abgeschossen worden. Und es zeigte sich, dass es bei vielen mit einer Versorgung der sichtbaren Wunden nicht getan war: Einige konnten auf einmal nicht mehr sprechen, andere waren so traurig, dass sie nicht mehr leben wollten. Viele zitterten, manche so sehr, dass sie die Hände nicht mehr gebrauchen und auf den Beinen nicht mehr stehen konnten. Weil es so viele von ihnen gab, erfanden die Leute einen eigenen Namen für die zitternden Männer: „Kriegszitterer" wurden sie genannt.

Der Krieg hatte diese Menschen irgendwie krank gemacht, das war klar. Weniger klar war, was mit ihnen geschehen sollte. Konnten sie als genauso krank gelten wie jemand, der seine Beine verloren hatte? Wenn ja, dann konnte die Armee sie nicht mehr im Kampf einsetzen. Wenn nicht, dann brauchten sie auch keine Behandlung. Auch an der Charité gingen die Meinungen auseinander. Wieder versuchte der eine Arzt das und der andere dies. Einigen konnte geholfen werden, anderen nicht. Und so blieb es noch viele Jahre.

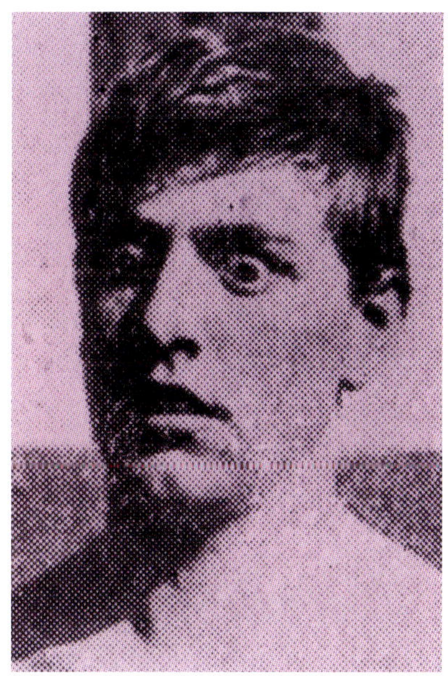

Die Schrecken des Ersten Weltkriegs ließen manche Soldaten nicht los. Sie litten noch Jahre nach Kriegsende.

Und heute? Wissen wir heute, was psychische Krankheiten auslöst? Nun, was Griesinger vor 150 Jahren nur ahnte, das wissen Psychiater heute: Jeder kann psychische Probleme bekommen und die Gründe sind meist vielfältig. Selten gibt es nur die eine Ursache für eine solche Erkrankung. Aber zum Glück kann man viele dieser Ursachen heute sehr gut behandeln und den Kranken wirklich helfen.

1941 Konrad Zuse baut den Z3, den Vorläufer des heutigen Computers

1944 Erste erfolgreiche Herzoperation an einem Kleinkind

1945 Deutsche Kapitulation und Ende des Zweiten Weltkriegs

Die Retter der Kinder

Dass so viele Babys und Mütter nach der Geburt Infektionen bekamen, die sie oft nicht überlebten, das blieb bis ins 19. Jahrhundert ein ungelöstes Problem. Um 1840 dann bemerkte der Geburtshelfer Ignaz Semmelweis in Wien, dass Mütter und Babys meist gesund blieben, wenn sich das Personal im Krankenhaus häufiger die Hände wusch.

Seit die Charité gegründet wurde, sind dort immer Kinder zur Welt gekommen. Es waren so viele, dass man sie nicht zählen kann. Und wer heute in der Charité geboren wird, der hat Glück: Babys und ihre Mütter werden dort sehr gut versorgt. Sollte ein neugeborenes Kind krank sein, so kann es in der Kinderklinik behandelt werden. Aber das war nicht immer so. Wer vor 300 Jahren in der Charité geboren wurde, der brauchte Glück, und zwar eine ganze Menge. Es kamen sehr viele Kinder zur Welt, aber es starben eben auch sehr viele direkt nach der Geburt. Bis ins 19. Jahrhundert hinein gab es an der Charité weder eine Kinderabteilung noch spezialisierte Kinderärzte, die hätten helfen können. Kinder wurden einfach gemeinsam mit Erwachsenen untergebracht und behandelt.

Heute ist das undenkbar, weil jeder weiß, dass Kinder manchmal ganz andere Sachen brauchen als Erwachsene. Es ist bekannt, dass es Krankheiten gibt, die nur Kinder bekommen, dass Kinder noch wachsen, dass in ihren Körpern manches anders ist als in dem eines älteren Menschen. Aber es hat eben eine ganze Weile gedauert, bis das entdeckt wurde. Viele Jahrhunderte hindurch wurden Kinder wie zu klein geratene Erwachsene behandelt – nicht nur im Krankenhaus, sondern fast immer und überall.

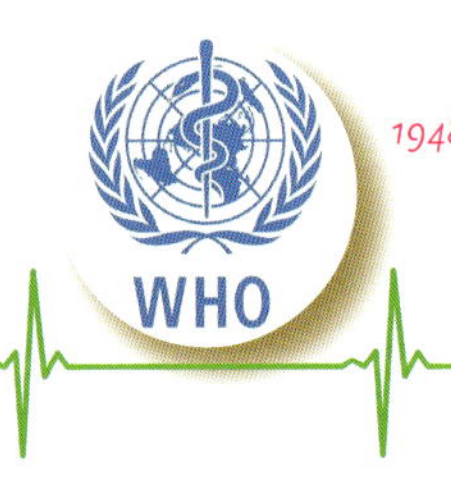

1948 Die Weltgesundheitsorganisation wird in New York gegründet

1949 Gründung der Bundesrepublik Deutschland und der DDR

1950 In der DDR beginnt die Stasi, Bürger zu bespitzeln

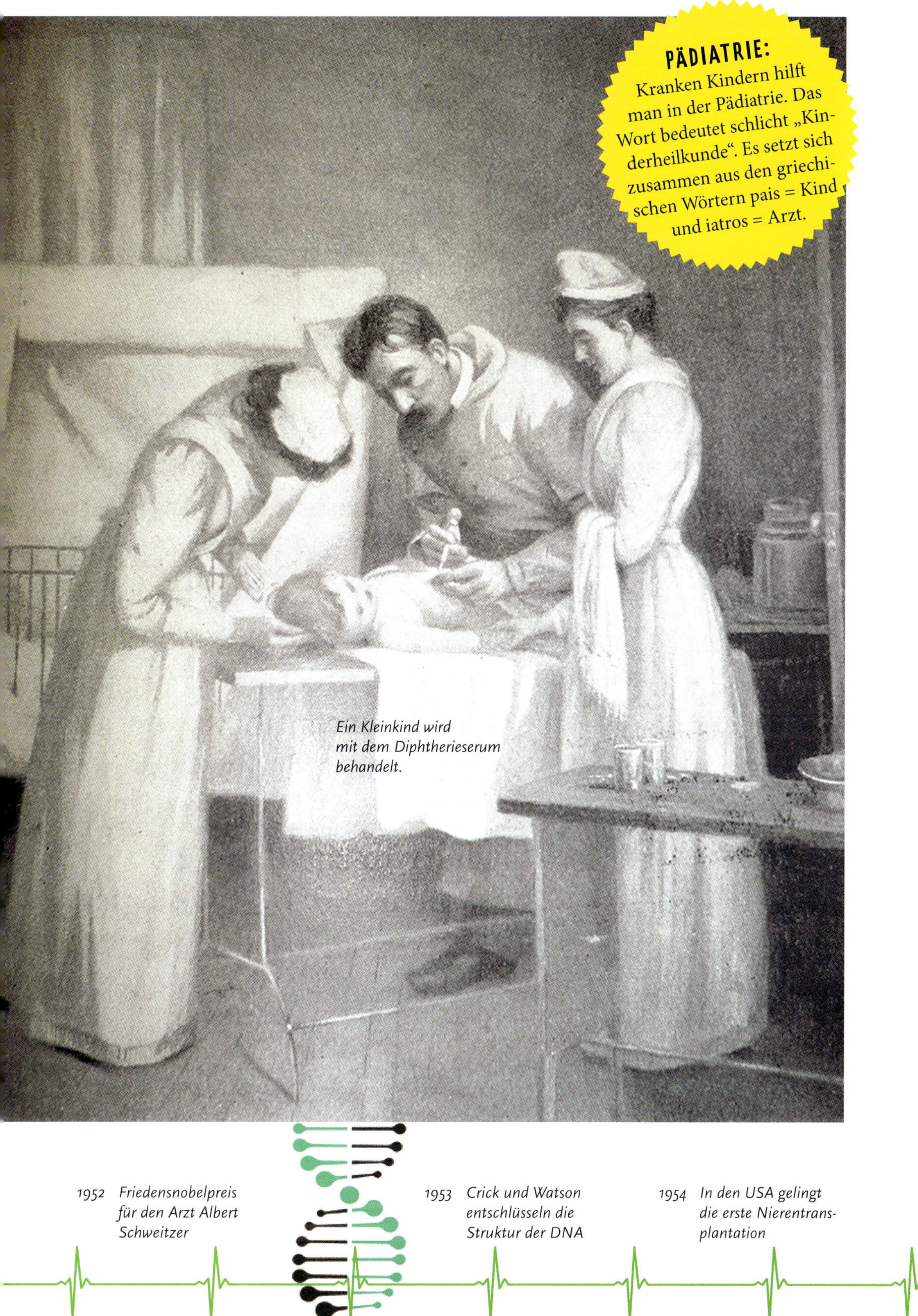

PÄDIATRIE:
Kranken Kindern hilft man in der Pädiatrie. Das Wort bedeutet schlicht „Kinderheilkunde“. Es setzt sich zusammen aus den griechischen Wörtern pais = Kind und iatros = Arzt.

Ein Kleinkind wird mit dem Diphtherieserum behandelt.

1952 *Friedensnobelpreis für den Arzt Albert Schweitzer*

1953 *Crick und Watson entschlüsseln die Struktur der DNA*

1954 *In den USA gelingt die erste Nierentransplantation*

Eine Babyflasche aus dem 19. Jahrhundert: Damit konnten Babys dünnen Brei aus Mehl oder Gemüse trinken.

Im 19. Jahrhundert änderte sich das. Nun konnten die Ärzte Krankheiten immer besser erkennen und zuordnen. Sie entdeckten, dass fast nur Kinder an Scharlach, Windpocken, Röteln oder Rachitis erkrankten. Und sie begannen auch, darüber nachzudenken, was Kinder brauchen, um gesund aufzuwachsen. An den Patienten der Charité konnten die Ärzte täglich sehen, wie sehr gerade die Kinder litten, wenn die Familien nicht genug zu essen hatten oder im Schmutz leben mussten.

Einer, den das Elend der Kinder ganz besonders beschäftigte, das war der Mediziner Otto Heubner. Er arbeitete als Arzt in Leipzig und immer wieder wurde er zu kranken Kindern in die Häuser der armen Leute gerufen. Dort kämpfte Heubner gegen Keuchhusten, Scharlach und Magen-Darm-Infekte. Eigentlich war er Arzt für Innere Medizin, aber nun wurde er zum Experten für kranke Kinder. Bald leitete er in Leipzig eine eigene Kinderklinik. 1894 dann kam er nach Berlin an die Charité und wurde Direktor der Kinderklinik. Hier gab es viel zu tun für Otto Heubner: Die Zimmer waren dunkel und schlecht belüftet. Die Krankenwärterinnen wuschen sich nicht die Hände, bevor sie die Säuglinge versorgten, so dass sie die Babys ungewollt mit Krankheiten infizierten. Heubner änderte das. Und außerdem kämpfte er dafür, dass arme Kinder in Berlin besser versorgt wurden.

Aber Heubner war ja an die Charité gekommen, weil er mehr verändern wollte als nur die Krankenzimmer der Kinderstation. Er wollte dazu beitragen, dass Kinderkrankheiten besser erforscht und dadurch vielleicht irgendwann heilbar wurden. Und da war er an der Charité genau richtig. Hier wurde im 19. Jahrhundert so unglaublich viel geforscht und entdeckt! Als Heubner an die Charité kam, da traf er zum Beispiel Rudolf Virchow noch. Robert Koch war zwar auch noch da, aber immer häufiger in der Welt unterwegs, um exotische Krankheiten zu erforschen. Zum Glück hatte Koch in seinem Institut viele außergewöhnliche Mitarbeiter, die seine Arbeit weiterführten. Einer von ihnen war sein ehemaliger Assistent Emil von Behring.

Im Krankenbett

1957 *Die Sowjetunion schießt den „Sputnik" in den Weltraum*

1960 *In Amerika kommt die Antibabypille auf den Markt*

1961 *Die DDR baut eine Mauer an der Grenze zur Bundesrepublik*

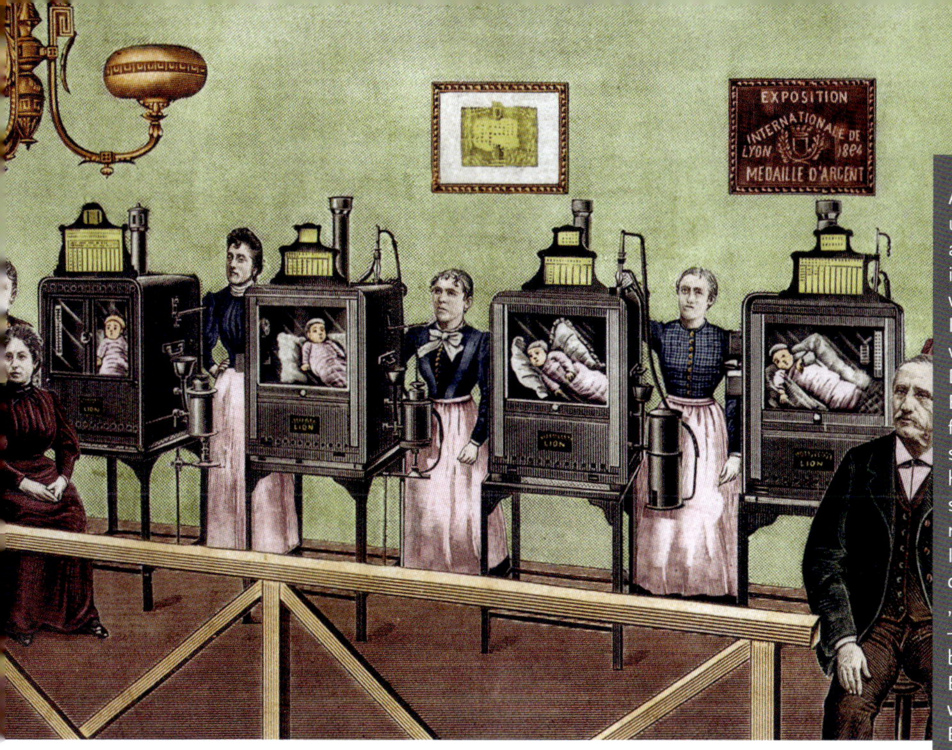

Auf der Welt- und Kolonialausstellung in Lyon 1894 wurden Inkubatoren vorgestellt. Darin können Babys, die zu früh geboren sind, in Ruhe heranwachsen. Früher nannte man Inkubatoren darum auch „Brutkasten" – der Kasten brütet die Babys aus wie Vögel ihre Eier.

„Retter der Kinder" wurde von Behring genannt. Aus der ganzen Welt schickten ihm Eltern Dankbriefe und Geschenke. Dabei war Behring alles andere als freundlich und geduldig. Er war ein aufbrausender Mann, und seine Mitarbeiter freuten sich immer sehr, wenn er verreiste. Wie hatte so einer zum „Retter der Kinder" werden können?

Emil Behring hatte selbst keine leichte Kindheit. Seine Familie war arm und Emil war eines von zwölf Kindern. Um Medizin studieren zu können, ging er an die Berliner Pépinière und arbeitete nach dem Studium zunächst als Truppenarzt. Es wurde schnell deutlich, dass Emil Behring ein außergewöhnlicher Kopf war. Er lernte nicht einfach, was es zu lernen gab, und tat nicht einfach, was man ihm sagte. Er dachte nach und versuchte, aus dem Gelernten Neues zu entwickeln.

Zu dieser Zeit wütete in Preußen wieder einmal die Diphtherie – eine schreckliche Kinderkrankheit. Tausende Kinder starben und niemand konnte ihnen helfen. Nun hatte Robert Koch ja bewiesen, dass Bakterien Krankheiten auslösen können. Und Bakterien konnte man mit Desinfektionsmitteln oder durch Hitze töten oder schwächen. Wenn die Bakterien aber erst einmal im Körper waren, dann nützten die Desinfektionsmittel nicht mehr. Man konnte diese Mittel

* Koryphäe
Paul Ehrlich war Mediziner und Forscher und bekam 1908 den Nobelpreis für Medizin. Er hatte nicht nur Behrings Forschungen vorangebracht, Ehrlich ist obendrein einer der Erfinder der Antibiotikatherapie, mit der man noch heute Infektionskrankheiten auch bei Kindern behandelt.

1962 Contergan führt zu Missbildungen bei Neugeborenen

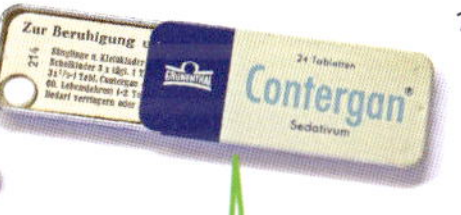

1963 Der erste Impfstoff gegen Masern wird entwickelt

1965 Der britische Politiker Winston Churchill stirbt

Eine Impfung sorgt dafür, dass man die Krankheit, gegen die geimpft wurde, nicht mehr bekommen kann.

nicht schlucken, sie waren ja giftig. Patienten damit einzureiben, brachte auch keinen Erfolg, sondern führte nur zu wunden Stellen. Wie also konnte man den Diphtherie-Erreger unschädlich machen, wenn er schon im Körper war, ohne dass das kranke Kind dabei vergiftet wurde?

Gemeinsam mit Kitasato Shibasaburō, einem japanischen Experten für Bakterien, und dem Arzt und Forscher Paul Ehrlich suchte Behring nach einer Lösung. Bekannt war, dass es manchmal gar nicht die Bakterien selbst waren, die Menschen krank machten. Wenn diese Bakterien im Körper unterwegs sind, dann geben sie Gifte ab, und oft sind es diese Gifte, die Krankheiten auslösen. In manchen Fällen aber kann der Körper sich wehren. Er bildet dann Gegengifte, und kann damit die Gifte der Bakterien angreifen.Was, so überlegten die Forscher, wenn es gelänge, dieses Gegengift herzustellen? Im Sommer 1890 begannen sie ihre Versuche: Sie spritzten Tieren das gefährliche Diphtherie-Bakterium ein. Und tatsächlich gab es Tiere, die trotzdem überlebten.

Bei der passiven Impfung spritzt man die Abwehrstoffe direkt in den Körper. Sie werden aus dem Blut von Tieren gewonnen, die vorher mit dem Erreger infiziert wurden.

1966 *China: Mao beginnt seine grausame „Kulturrevolution“*

1967 *Der südafrikanische Chirurg Barnard verpflanzt ein Herz*

1968 *Studentenrevolte an deutschen Universitäten*

Offensichtlich konnten ihre Körper das Gegengift herstellen, mit dem sie dann das Gift der Diphtherie besiegen konnten. Aus dem Blut dieser Tiere stellte Behring nun ein Heilserum her, um damit erkrankte Kinder zu behandeln.

Behrings Überlegungen erwiesen sich als richtig. Es gelang, kranken Kindern das Heilserum mit dem Gegengift aus dem Blut der Tiere zu übertragen. Kinder, die ohne das Heilserum auf jeden Fall gestorben wären, konnten gerettet werden. Von überall her kamen verzweifelte Eltern und ratlose Ärzte, immer mehr Serum mussten die Mediziner herstellen. Am meisten Serum ließ sich aus dem Blut von Pferden gewinnen, weshalb mehrere neue Pferde angeschafft und im Stall der Charité untergebracht wurden.

Poliomyelitis, kurz Polio, ist eine Kinderkrankheit, die dazu führt, dass das erkrankte Kind seine Muskeln nicht mehr richtig bewegen kann und schließlich gelähmt ist. Darum nennt man Polio auch Kinderlähmung. Dagegen gibt es inzwischen einen Impfstoff, den man einfach schlucken kann.

So also wurde Emil Behring zum Retter der Kinder. Und adlig wurde er auch: Als Zeichen der Anerkennung gestattete der Kaiser ihm, sich Emil *von* Behring zu nennen. Nach Behrings Idee wurden noch weitere Heilseren gegen Infektionskrankheiten entwickelt, also gegen Krankheiten, die durch Bakteriengifte ausgelöst werden. Als erster Arzt der Welt erhielt er den Nobelpreis für Medizin.

1903 dann gab es wieder einen Grund zu feiern für die kranken Kinder und für die Ärzte der Charité: Endlich konnte eine ganz neue Kinderklinik eröffnet werden. Die Räume waren licht und sauber, es gab breite Flure, ausreichend Badezimmer und viele Waschgelegenheiten. In ganz Deutschland gab es keine schönere und modernere Kinderklinik. Geplant hatte diese Klinik niemand anders als Otto Heubner – ein weiterer Retter der Kinder. Er hatte sich damit einen Lebenstraum verwirklicht.

Ein Mädchen nach überstandener Polio

1969 *Neil Armstrong betritt als erster Mensch den Mond*

1971 *In England wird der Computertomograph entwickelt*

1972 *Eröffnung der 20. Olympischen Spiele in München*

Die Charité ist eine Welt für sich. Zu allen Zeiten haben in der Charité unzählig viele Menschen in ganz unterschiedlichen Bereichen gearbeitet. Es gab und gibt unüberschaubar viele Gebäude, Zimmer und Säle. Studierende lernen hier, Professoren unterrichten sie. Kranke werden versorgt, gepflegt und geheilt. In den Laboren wird getestet und geforscht. So ein Krankenhaus funktioniert wie eine eigene kleine Stadt. Aber trotzdem ist die Charité eben ein Berliner Krankenhaus. Keine andere Einrichtung in Berlin ist so eng mit dieser Stadt verbunden wie die Charité. In guten und in schlechten Zeiten hat sie eine entscheidende Rolle für die Geschichte Berlins gespielt – und Berlin für die Geschichte der Charité.

1973 *In New York eröffnet das World Trade Center*

1977 *Höhepunkt des Terrors der RAF in West-Deutschland*

1978 *Der polnische Kardinal Wojtyła wird Papst Johannes Paul II.*

Schon dass die Charité gegründet wurde, das war nur möglich, weil der „Soldatenkönig" Friedrich Wilhelm I. überzeugt werden konnte, das Krankenhaus werde seinen Soldaten nutzen. Die preußischen Könige führten viele Kriege und darum gab es in Berlin besonders viele Soldaten. Die Charité blieb über viele Jahre dem Militär eng verbunden. Das war gut und schlecht. Gut war es, weil die Charité vom König Geld bekam, um gute Militärärzte auszubilden. Und gut war auch, dass die Ärzte an der Charité so viel forschten und ausprobierten. Die Ergebnisse der Forschungen kamen dann nämlich nicht nur den Soldaten, sondern auch allen anderen Menschen zugute. Schlecht war, dass lange Zeit nur solche Ärzte führende Positionen einnehmen konnten, die auch beim Militär waren. Zivile Chefs gab es lange nicht in der Charité. Erst 1919, nach dem Ende des Weltkriegs und des Kaiserreichs, war damit Schluss. Aber Berlin, das preußisch-militärische Berlin, blieb in der Charité lange spürbar.

Um 1880 starben viele Männer und Frauen in Berlin, bevor sie 40 Jahre alt wurden. Doch das Leben wurde immer besser, Krankheiten konnten behandelt, Verletzungen geheilt werden – nicht zuletzt dank der Charité. Kinder, die früher oft starben, wenn sie noch klein waren, wurden besser versorgt und überlebten. Heute werden viele Menschen in Berlin 80, 90 oder sogar hundert Jahre alt.

Umgekehrt wiederum, wäre die Stadt Berlin ohne die Charité nicht das, was sie heute ist. Immer beeinflusste dieses Krankenhaus Politik und Leben der Stadt. Engagierte Ärzte wie zum Beispiel Habermaass, Hufeland und Virchow sahen die Not der Menschen und versuchten zu helfen. Habermaass bewirkte so überhaupt erst die Gründung der Charité, Hufeland erarbeitete um 1810 mit den berühmten Politikern vom Stein und von Hardenberg Gesetze, die auch die medizinische Versorgung der Berliner verbesserten. Virchow kämpfte als Politiker unermüdlich dafür, dass auch arme Leute in Berlin besser leben konnten. Als zum Ende des 19. Jahrhunderts hin in Berlin immer mehr Krankenhäuser gebaut wurden, da war wieder Rudolf Virchow einer derjenigen, die das vorantrieben und mitgestalteten. Im 19. Jahrhundert war die Bevölkerung Berlins rasant gewachsen und lag 1904 schon bei zwei Millionen. Die neuen Krankenhäuser wurden also dringend gebraucht. Eine der größten unter den neuen Kliniken wurde das Rudolf-Virchow-Klinikum im Wedding. Virchow selbst hat die Einweihung 1906 nicht mehr erlebt.

POLITIK:
Das Wort „Politik" kommt vom griechischen Wort „Polis", die Stadt. Auch die Charité wurde durch politische Einflüsse immer wieder verändert, nahm aber auch selbst Einfluss auf das Stadtleben.

1981 *AIDS: Eine neue, unbekannte Krankheit tritt auf*

1986 *Atomunglück im ukrainischen Tschernobyl*

1989 *Die SED öffnet nach 28 Jahren die Mauer zum Westen*

Die forschenden Ärzte der Charité hatten im ausgehenden 19. Jahrhundert Heilmittel entdeckt, die sehr viele Menschen retteten. Innerhalb weniger Jahre hatten sie es geschafft, Krankheiten und ihre Ursachen viel besser zu verstehen. Die Berliner fühlten sich sicherer, sie waren gesünder und lebten länger. Auf einmal schien in der Medizin alles möglich. Selbst der Erste Weltkrieg konnte daran nichts ändern, im Gegenteil: Die vielen körperlich und seelisch verletzten Soldaten, die in der Charité versorgt wurden, stießen wieder neue Diskussionen und damit neue Forschungen an. In den Zwanzigerjahren war Berlin zwar bitterarm und überfüllt, aber auch bunt, frei und fröhlich. Und die Stadt hatte mit der Charité eine weltweit höchst angesehene medizinische Institution. Wer als Arzt und Forscher ehrgeizig war und etwas erreichen wollte – der kam nach Berlin.

* Koryphäe
Otto Krayer war Arzt und Pharmakologe, also ein Arzneimittelforscher. Eine Koryphäe war er aber auch in Sachen Mut und Menschlichkeit. Als junger Wissenschaftler an der Charité wurde Krayer während der Nazizeit eine Professur angeboten – für einen Forscher mehr als ein Lottogewinn. Aber Krayer lehnte ab, weil er so empört war darüber, dass die Nazis so viele jüdische Ärzte aus ihren Ämtern vertrieben hatten. Er musste Deutschland verlassen und wurde in England und Amerika als Pharmakologe sehr bekannt.

Und dann wurde alles anders. Im November 1932 wählte gut ein Drittel der Wahlberechtigten die Nationalsozialisten, knapp drei Monate später wurde Adolf Hitler Reichskanzler. Das war das Ende des freien Berlins. Innerhalb kürzester Zeit gelang es den Nationalsozialisten, alle Macht an sich zu reißen – bis 1945 beherrschten sie Deutschland. In dieser Zeit führten sie einen der grausamsten Kriege aller Zeiten, zerstörten große Teile Europas, entrechteten, vertrieben und ermordeten Millionen von Kindern, Frauen und Männern.

Wer aber waren nun die Nationalsozialisten? Wer war es denn, der die Verbrechen beging und die Morde verübte? Das war nicht irgendeine böse Macht, das waren Menschen. Einerseits waren das die Politiker, die schreckliche Überzeugungen vertraten und furchtbare Gesetze beschlossen. Es waren die Soldaten, Polizisten, Lehrer, Handwerker, Reporter, Professoren und Arbeiter, die nicht widersprachen. Einige beteiligten sich an Verbrechen, weil sie einfach böse waren, andere wiederum wurden schuldig, weil sie so furchtbare Angst vor den Nazis hatten. Wieder andere wussten gar nicht mehr, was gut und böse ist. Und genau daran hatten manche Wissenschaftler, insbesondere auch Mediziner, großen Anteil.

Nationalsozialisten behaupteten nämlich, dass Menschen von Geburt an nicht gleich viel wert seien. Sie unterschieden nach Haut-

farbe, nach Vorfahren, nach Religion, nach Gesundheit und Leistungsfähigkeit, wer etwas wert war und wer nicht. Diese dummen und falschen Theorien begründeten sie mit scheinbar wissenschaftlichen Erkenntnissen. Und viele Ärzte machten mit. Sie versuchten, Beweise dafür zu finden, dass manche Menschen anderen einfach überlegen sind. Am Ende behaupteten sie, dass nicht alle ein Recht auf Leben hätten. Und viele Leute glaubten ihnen, weil sie ja Ärzte waren.

Und so kam es, dass auch einige Ärzte der Charité nicht mehr nur halfen und heilten. Einige schadeten Patienten oder waren gar an deren Tod beteiligt. Sie meinten, dass sie entscheiden dürften, wer leben darf und wer nicht. Sie testeten Medikamente, die sie für gesunde Deutsche benutzen wollten, an Menschen mit geistigen und körperlichen Einschränkungen. Sie ließen Frauen und Männer sterilisieren, wenn sie nicht wollten, dass sie noch Kinder bekommen konnten. Sie verhinderten nicht, dass Patienten der Psychiatrien fortgebracht und ermordet wurden. Nicht alle waren beteiligt, aber eben viel zu viele.

* Koryphäe
Arthur Nicolaier war Internist, also Arzt für innere Krankheiten, an der Charité. Nicolaier war einer der vielen jüdischen Ärzte, die nach der Machtergreifung der Nazis aus ihren Stellen geworfen wurden. Als die Nazis ihn verschleppen wollten, nahm er sich das Leben. Nicolaier hatte als junger Mann den Erreger des Wundstarrkrampfes entdeckt. Heute ist in Deutschland fast jeder gegen diese schreckliche Krankheit geimpft: mit der Tetanus-Impfung.

Charité-Ärzte diskutieren 1938 nach der Abschiedsvorlesung des berühmten Psychiaters Karl Bonhoeffer. Er hatte keinen offenen Widerstand geleistet, sondern versucht, im Einzelfall zu helfen.

2001 *9/11: Terroranschlag auf das World Trade Center in New York*

2002 *In Deutschland löst der Euro die Deutsche Mark ab*

2006 *Die Fußball-WM findet zum zweiten Mal in Deutschland statt*

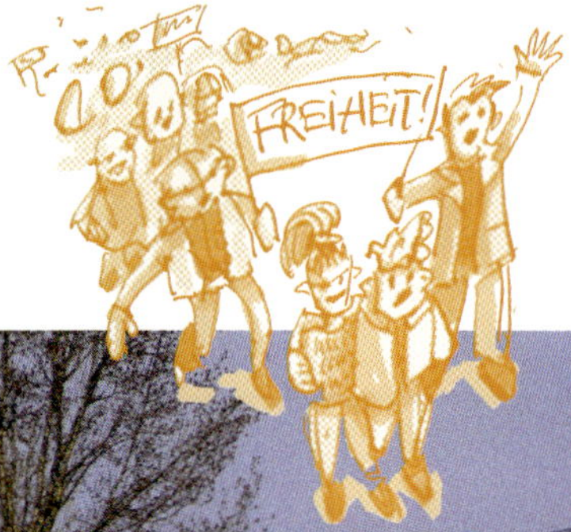

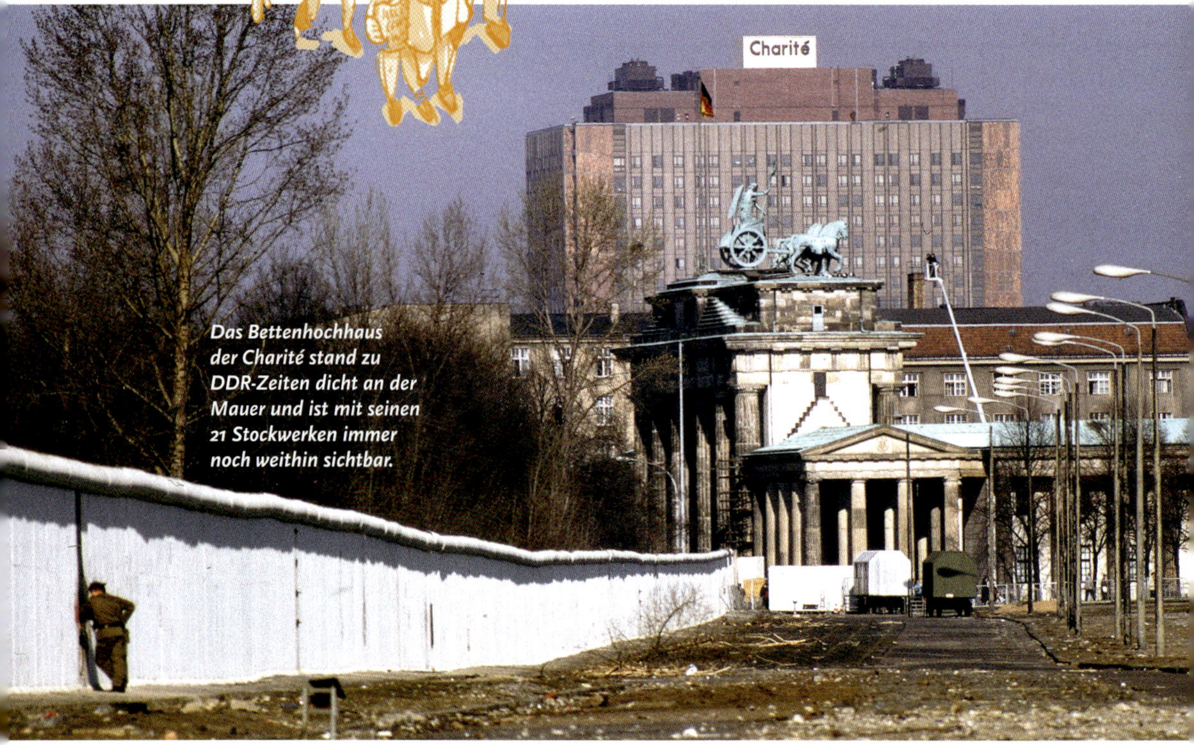

Das Bettenhochhaus der Charité stand zu DDR-Zeiten dicht an der Mauer und ist mit seinen 21 Stockwerken immer noch weithin sichtbar.

1945 befreiten Russen, Amerikaner, Franzosen und Engländer Deutschland von den Nazis. Wie fast die ganze Stadt, so lag auch die Charité in Trümmern. Fast alle Gebäude waren im Krieg beschädigt oder zerstört worden. Noch in den allerletzten Kriegstagen kämpften Soldaten auf dem Gelände des Krankenhauses, während Mediziner in Kellern und Bunkern operierten. Berlin wurde dann in vier Sektoren aufgeteilt. Die Charité lag im russischen Sektor. Der russischen Militärregierung gelang es, gemeinsam mit einigen überlebenden Ärzten, Ärztinnen und Schwestern die Charité in unglaublich kurzer Zeit wieder so weit aufzubauen, dass dort gearbeitet werden konnte.

Und dann wurde ganz Deutschland geteilt. Amerikaner, Franzosen und Engländer gründeten im Westen des Landes die Bundesrepublik Deutschland. Die Russen gründeten im Osten des Landes die

2010 *Die Charité feiert ihren 300. Geburtstag*

2011 *Im arabischen Raum demonstrieren Menschen für Freiheit*

2012 *CERN-Forscher geben Entdeckung des Urteilchens bekannt*

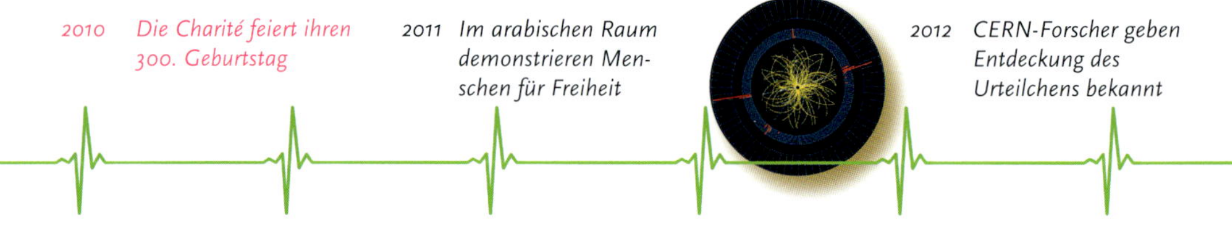

DDR. Hauptstadt der DDR wurde der russische Sektor Berlins. Sehr schnell wurde die Charité das wichtigste Krankenhaus der DDR. Nach den schrecklichen Jahren des Nationalsozialismus konnten die Ärzte und Ärztinnen an der Charité endlich wieder richtig arbeiten und forschen. Aber es wurde trotzdem nicht alles gut. Die DDR war und wurde nie ein freies Land. 1961 ließ die DDR-Regierung auch noch eine Mauer bauen, quer durch die Stadt. Die ganze DDR wurde zum Westen hin abgeriegelt und niemand durfte mehr hinaus. Viele Menschen flohen heimlich, auch Ärztinnen und Ärzte. An der Charité gab es bald nicht mehr genug Mediziner. Die DDR-Regierung dachte sich darum Belohnungen aus für die, die blieben. Und nach und nach gewöhnten sich viele Menschen an das Leben in der DDR.

* Koryphäe
Ingeborg Rapoport war an der Charité 1969 die erste Professorin für Neonatologie, also für die Behandlung von Neugeborenen. 1938 war ihr der Doktortitel verwehrt worden, weil sie Jüdin war. Nach dem Ende der Nazizeit arbeitete sie an der Charité und half dort unzählig vielen Babys und Kindern. Erst 2015 fand sie die Zeit, die letzte Prüfung, die sie nicht hatte machen dürfen, noch nachzuholen: Sie bekam den Doktortitel – mit 102 Jahren.

Die Charité blühte wieder auf. Neue Institute entstanden, neue medizinische Geräte wurden gebaut und eingesetzt. 1982 eröffnete der wichtigste Politiker der DDR, Erich Honecker, das neue Bettenhochhaus. Noch heute kennt es in Berlin jedes Kind. Das Bettenhochhaus stand direkt an der Berliner Mauer. Manche Politiker in der DDR fanden das besonders schön: Sie wollten nämlich mit der Charité angeben. Alle Leute in ganz Berlin sollten sehen, was für ein großes und modernes Krankenhaus die Charité nun war. Und das war sie – auch wenn sie jetzt in einem Staat lag, der die Freiheit der Menschen nicht respektierte.

Die Charité blieb sich dennoch auch weiterhin treu: Auch zu DDR-Zeiten war sie das Krankenhaus für alle. In Berlin-Buch, da stand ein Krankenhaus, das nur Patienten aufnahm, die in der Regierungspartei der DDR eine wichtige Funktion hatten. Die Charité dagegen nahm alle auf.

1989 gingen in der ganzen DDR viele Leute auf die Straße und demonstrierten für Freiheit. Sie schafften, was unmöglich schien: Die Mauer wurde eingerissen. Deutschland wurde wieder ein Land, Berlin wieder eine Stadt. Einige Zeit später wurde die Charité erst mit dem Rudolf-Virchow-Krankenhaus zusammengelegt, dann mit dem Benjamin-Franklin-Klinikum. Nun war sie wieder für alle Berliner da – im Osten und im Westen der Stadt.

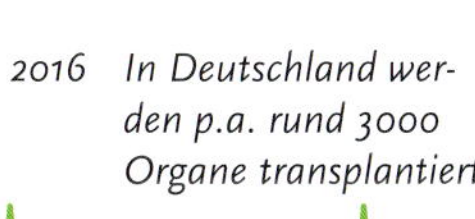

2016 In Deutschland werden p.a. rund 3000 Organe transplantiert

2017 Ein 24 Jahre vorher eingefrorener Embryo wird ausgetragen

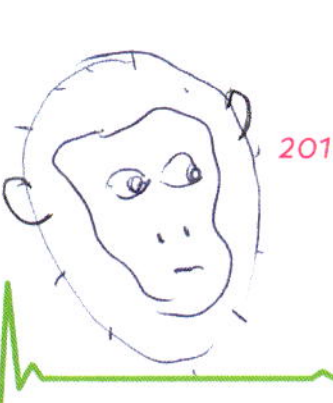

2018 Chinesische Forscher klonen erstmals zwei Affen

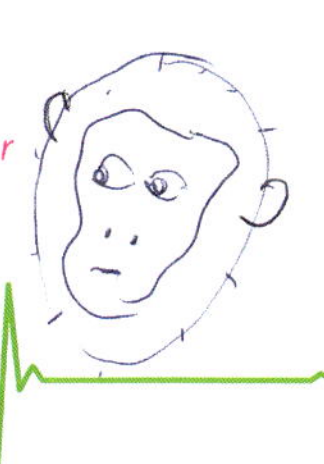

Die Charité der Zukunft

Nanotechniker forschen an allerkleinsten Teilchen. Gemeinsam mit Medizinern arbeiten sie an der Entwicklung winzig kleiner Roboter, die man in den Körper einschleusen kann, um dort Krankheiten zu bekämpfen.

Inzwischen ist die Charité über 300 Jahre alt – aber gealtert ist sie überhaupt nicht. Die Charité ist ein brodelnder, brummender Kosmos inmitten einer lebendigen Großstadt. Zehntausende gehen, rennen oder schlendern jeden Tag über das Gelände: Studierende, Ärztinnen, Pflegekräfte, Patienten und deren Familien und Freunde, Lieferanten, Labormitarbeiter, Wissenschaftler. Wie ein Bienenstaat ist die Charité – nur auf den ersten Blick chaotisch, ist sie in Wahrheit ein bis ins kleinste Detail gut organisierter medizinischer Großbetrieb.

2020 2030 2040

Um 1735 hatte die Charité etwa 400 Krankenbetten – und das war viel damals. Heute gibt es in der Charité über 3000 Betten. Rund 150.000 Patienten werden auf den Stationen der verschiedenen Charité-Kliniken jedes Jahr behandelt. Wo so viele Patienten versorgt werden, da braucht man sehr viele Mitarbeiter. Auch die hat die Charité – sie ist einer der größten Arbeitgeber Berlins. Hier arbeiten viele Tausende Wissenschaftlerinnen, Ärztinnen und Ärzte, Schwestern und Pfleger, Hebammen, Professorinnen und Professoren. Viele Mitarbeiter der Charité haben inzwischen Berufe, die noch gar nicht existierten, als die Charité gegründet wurde: Sie sind zum Beispiel Physiotherapeuten und kümmern sich um die Beweglichkeit der Patienten. Auch Logopäden gibt es jetzt, die auf das Sprechen, Atmen und Schlucken spezialisiert sind. Ergotherapeuten trainieren Patienten, so dass sie nach oder mit Krankheit im Alltag besser zurecht kommen. Außerdem gibt es Ingenieure und Computerexperten – denn heute gehört zur Charité die Technik.

Was den Stand der Technik angeht, so ist die Charité garantiert der hippste Ort Berlins. Ingenieure, Informatiker und Mediziner entwickeln gemeinsam immer bessere medizinische Geräte. Röntgen-, Ultraschall-, MRT- und CT-Geräte ermöglichen den Blick in das Innere des menschlichen Körpers. Ein Elektrokardiograph zeichnet den Herzschlag des Menschen auf, so dass Mediziner sehen können, ob das Herz ohne Störungen arbeitet. Und nicht nur bei der Untersuchung der Patienten hilft die Technik. Auch in der Behandlung kommen Maschinen zum Einsatz und helfen, Menschenleben zu retten. Beatmungsmaschinen halten schwerstkranke Patienten am Leben, Dialysemaschinen reinigen das Blut von Menschen mit kranken Nieren. Sogar ein schwaches Herz kann vorübergehend durch eine Maschine ersetzt werden.

* Koryphäe?

Zweifellos ist auch der Roboter eine Koryphäe in dem Gebiet, für das er gebaut und programmiert wurde. Bei vielen Operationen ist die Präzision eines Roboters eine große Hilfe. Aber ein Roboter stößt an seine Grenzen, wenn es Probleme gibt und Entscheidungen zu treffen sind. Spätestens dann muss eine andere Koryphäe einspringen: ein echter Mediziner.

FORSCHUNG: Medizinische Forschung ist niemals abgeschlossen. Naturwissenschaftler, Techniker und Mediziner suchen in internationalen Teams nach den neuen Therapien der Zukunft.

2050 2060 2070

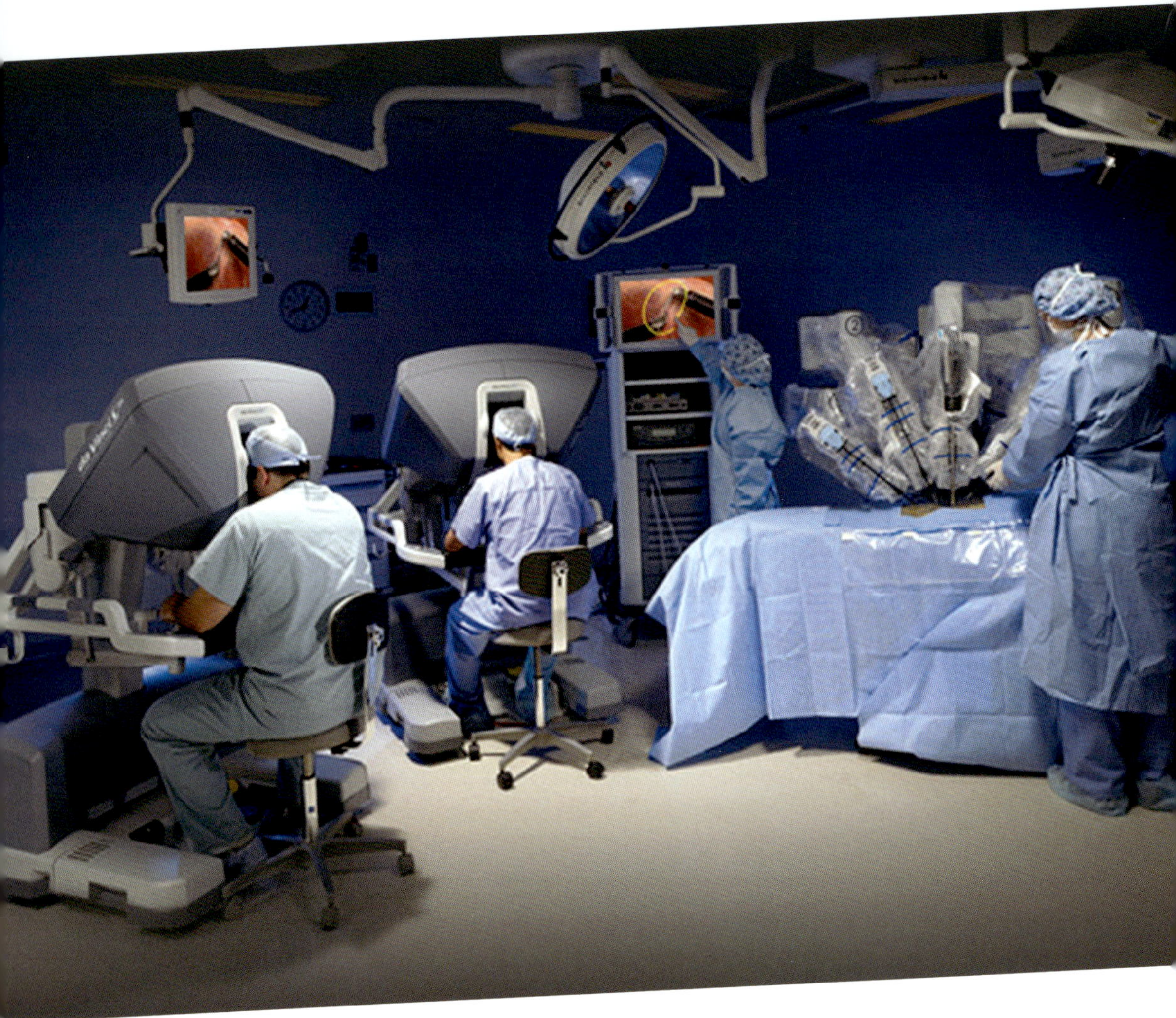

Der Roboter „Da Vinci“ wurde nach dem berühmtesten Genie des Mittelalters benannt: Leonardo da Vinci. Der war Künstler, Anatom, Erfinder und Baumeister. So vielseitig ist der Roboter nicht, aber er unterstützt Chirurgen weltweit.

Auch die Chirurgie nutzt moderne Technologien. Einige Operationen erfordern deshalb nicht einmal mehr große Schnitte. Chirurgen operieren oft mit feinen Instrumenten und einer winzigen Kamera durch kleine Einschnitte. „Schlüssellochtechnik“ nennt man das. Bei manchen dieser Operationen kommt sogar ein Roboter zum Einsatz. Da Vinci, so heißt er, hat vier Arme: Drei halten die Instrumente, also Schere, Pinzette und Greifzange. Am vierten Arm ist eine 3-D-Kamera, die den Eingriff filmt. Die Bilder schickt die Kamera an einen Monitor, wo der Chirurg sie in vielfacher Vergrößerung anschauen kann. So kann er die feinen Instrumente ganz genau steuern.

2080 2090 2100

Bei solchen Operationen verlieren die Patienten viel weniger Blut und die Wunden verheilen schneller.

Spielen die Koryphäen der Vergangenheit also gar keine Rolle mehr? Man könnte es glauben – aber das Gegenteil ist wahr. Inmitten der blinkenden Monitore, der Roboter und Maschinen ist die Geschichte der Charité immer noch lebendig. Noch heute nämlich nutzen Mediziner das Wissen, das die genialen Forscher vor vielen Jahren an der Charité erarbeitet und zusammengetragen haben. Weil Ärzte wie Dieffenbach, von Graefe, Virchow, Koch, Ehrlich und andere eine Idee hatten, sowie den Mut und das Wissen, um sie zu verfolgen – nur darum konnten im Laufe der Jahre Millionen von Menschen geheilt werden.

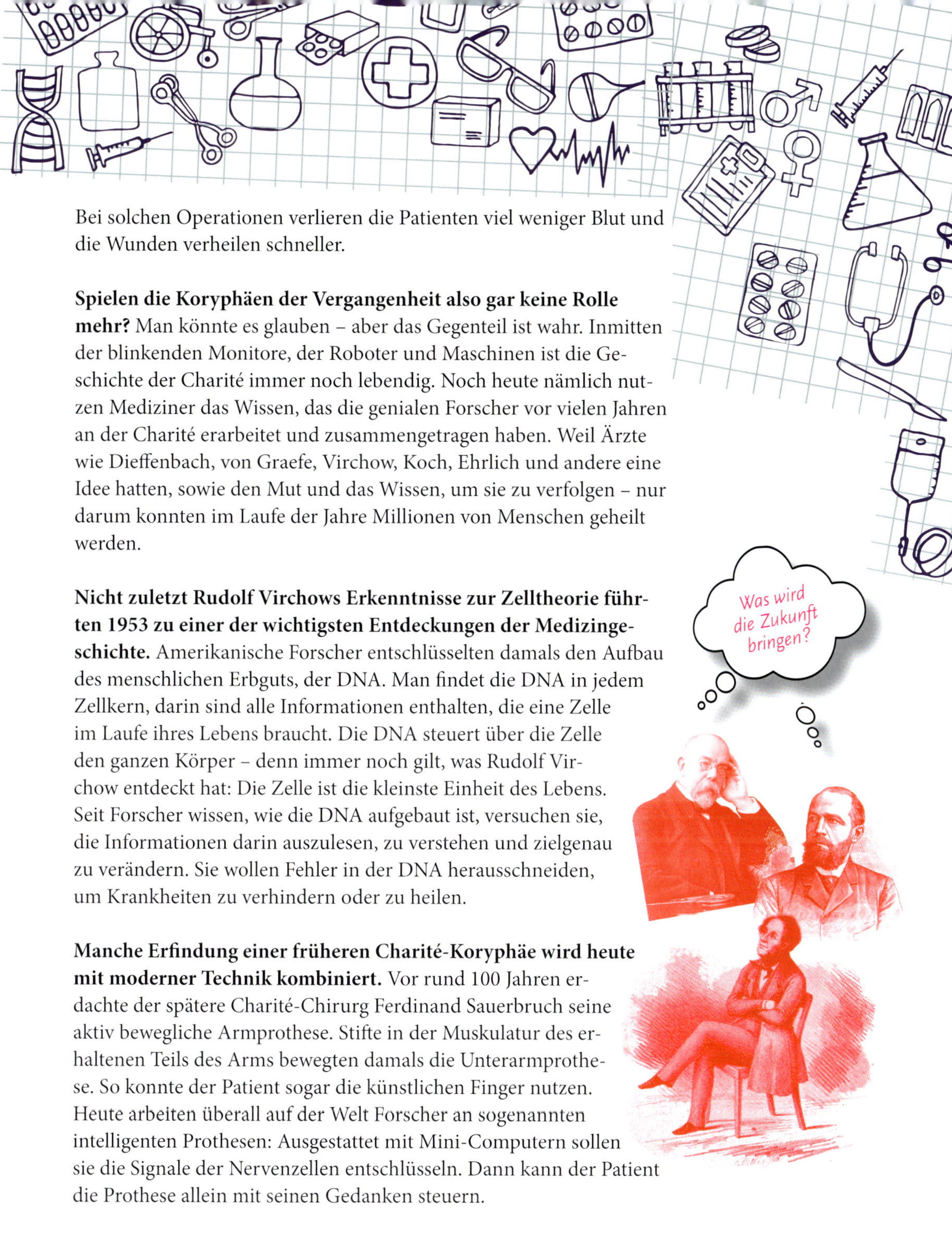

Nicht zuletzt Rudolf Virchows Erkenntnisse zur Zelltheorie führten 1953 zu einer der wichtigsten Entdeckungen der Medizingeschichte. Amerikanische Forscher entschlüsselten damals den Aufbau des menschlichen Erbguts, der DNA. Man findet die DNA in jedem Zellkern, darin sind alle Informationen enthalten, die eine Zelle im Laufe ihres Lebens braucht. Die DNA steuert über die Zelle den ganzen Körper – denn immer noch gilt, was Rudolf Virchow entdeckt hat: Die Zelle ist die kleinste Einheit des Lebens. Seit Forscher wissen, wie die DNA aufgebaut ist, versuchen sie, die Informationen darin auszulesen, zu verstehen und zielgenau zu verändern. Sie wollen Fehler in der DNA herausschneiden, um Krankheiten zu verhindern oder zu heilen.

Manche Erfindung einer früheren Charité-Koryphäe wird heute mit moderner Technik kombiniert. Vor rund 100 Jahren erdachte der spätere Charité-Chirurg Ferdinand Sauerbruch seine aktiv bewegliche Armprothese. Stifte in der Muskulatur des erhaltenen Teils des Arms bewegten damals die Unterarmprothese. So konnte der Patient sogar die künstlichen Finger nutzen. Heute arbeiten überall auf der Welt Forscher an sogenannten intelligenten Prothesen: Ausgestattet mit Mini-Computern sollen sie die Signale der Nervenzellen entschlüsseln. Dann kann der Patient die Prothese allein mit seinen Gedanken steuern.

Einige Annahmen der Vergangenheit können mit den heutigen Methoden überhaupt erst bewiesen werden. Der Charité-Psychiater Wilhelm Griesinger etwa vermutete schon vor über hundert Jahren, dass Störungen des Denkens und Fühlens irgendwo im Gehirn einen eindeutigen Platz haben. Damit hatte Griesinger im Wesentlichen Recht. Inzwischen haben Neurowissenschaftler Gehirn und Nerven so gut erforscht, dass sie Fähigkeiten wie Sprechen, Laufen und Denken tatsächlich bestimmten Bereichen des Gehirns zuordnen können. Auf diese Weise können sie auch Störungen in diesen Bereichen gezielt behandeln. Manche Krankheit, die man noch vor hundert Jahren für Teufelswerk hielt, kann darum nun geheilt werden.

Es gibt aber auch Probleme der Vergangenheit, die sind heute immer noch so aktuell wie vor hundert Jahren. Mitte des 19. Jahrhunderts entdeckten Forscher, dass Krankheitserreger auch über schmutzige Hände oder unzureichend gereinigte Instrumente übertragen werden. Also wuschen sie sich die Hände mit scharfen Mitteln. Anfang des 20. Jahrhunderts dann wurden in den Krankenhäusern Handschuhe und Mundschutz eingeführt. Heute darf ein Chirurg, wenn er die sterile Kleidung angelegt hat, noch nicht einmal mehr einen Lichtschalter oder einen Kugelschreiber berühren – so streng sind die Regeln. Und trotzdem werden immer wieder gefährliche Krankheitserreger innerhalb der Klinik durch Besucher, Patienten oder Mitarbeiter weitergetragen. Manche Bakterien passen sich auch an, entwickeln Abwehrkräfte gegen die Gegenmittel. Je mehr Abwehrkräfte ein Bakterium zur Verfügung hat, umso schwerer ist es zu besiegen. Und so geht der Kampf gegen Krankheiten weiter, jeden Tag, auf allen Stationen und in allen Laboren der Charité.

2500 2600 2700

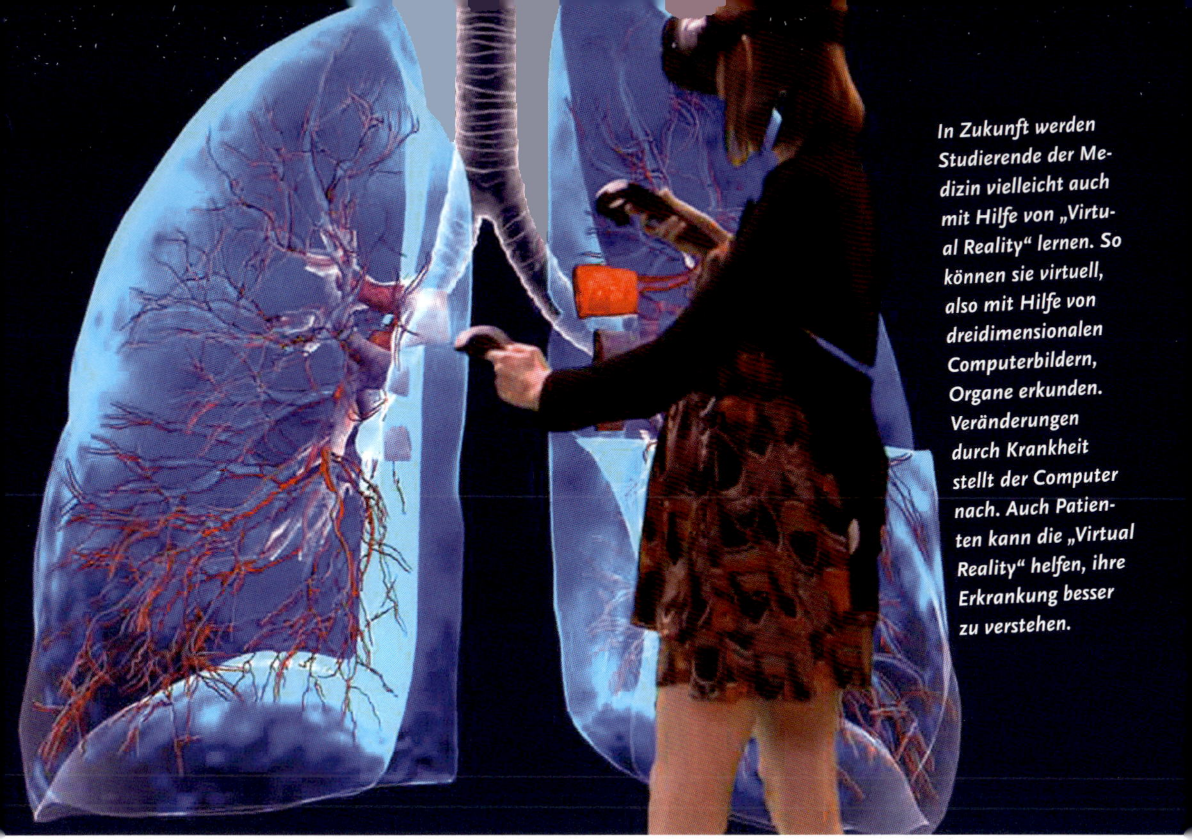

In Zukunft werden Studierende der Medizin vielleicht auch mit Hilfe von „Virtual Reality“ lernen. So können sie virtuell, also mit Hilfe von dreidimensionalen Computerbildern, Organe erkunden. Veränderungen durch Krankheit stellt der Computer nach. Auch Patienten kann die „Virtual Reality“ helfen, ihre Erkrankung besser zu verstehen.

In weiteren hundert Jahren dann wird es wieder neue Medikamente und Behandlungen für Erkrankungen geben, die heute noch unheilbar sind. Die Charité wird dabei gewiss eine Rolle spielen, ihre Koryphäen wachsen ja ständig nach! Und immer wird dieses Krankenhaus auch mit aller Technik ein Ort der Menschen bleiben: der Ort, an dem sich Freude, Trauer, Verzweiflung und Hoffnung begegnen, an dem jedes Jahr über 5000 kleine Berlinerinnen und Berliner das Licht der Welt erblicken, an dem Menschen sterben, an dem Kranke gesund werden, der Ort, an dem seit über 300 Jahren Ärztinnen und Ärzte, Pflegerinnen und Pfleger für das Leben kämpfen. Die Charité bleibt – mitten in Berlin und mitten im Leben.

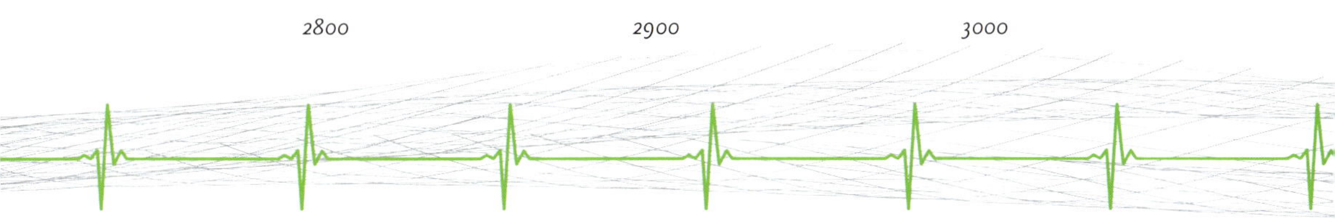

An Rudolf Virchow erinnert ein Standbild am Karlplatz in der Nähe der Charité. Es stammt von dem Bildhauer Fritz Klimsch und wurde um 1910 aufgestellt. Natürlich ist es aber nicht Rudolf Virchow, der sich dort prügelt! Er ist unten dargestellt. Oben ringt ein Titan mit einer Sphinx – so wie Mediziner mit Krankheiten ringen.

Wir danken von Herzen den Sponsoren dieses Buches
für die Unterstützung der Charité-Kinderkliniken!

Dussmann Group

WE LIVE INVESTMENT.

Wir danken unseren Kinderlektoren für aufmerksames Lesen und viele gute Tipps: Veena, Philipp, Ruby, Marie, Lukas, Jasper, Joris, Georg und Theresa.

Für freundliche Unterstützung danken wir dem Berliner Medizinhistorischen Museum der Charité, außerdem dem Robert Koch-Institut, dem Deutschen Historischen Museum, der Hagströmer Medico-Historical Library, dem Leo Baeck Institut, der U.S. National Library of Medicine und dem British Dental Association Museum.

Herrn Martin Haake und Herrn Olaf Rahardt danken wir für die Erlaubnis, ihre Werke zu zeigen.

Unser besonderer Dank gilt Herrn Professor Dr. Thomas Schnalke.

IMPRESSUM
Schupelius, Magdalena/Vinson, Lesley:
Die Charité – Ein Krankenhaus für Berlin
2. Auflage — Berlin: Berlin Story Verlag 2018
ISBN 978-3-95723-136-9

Alle Rechte vorbehalten

Die Kindertexter: Magdalena Schupelius und Lesley Vinson
Bildredaktion: Parvin Nazemi
Illustration: Beate Bittner
www.diekindertexter.de

© Berlin Story Verlag GmbH
Leuschnerdamm 7, 10999 Berlin
Tel.: (030) 20 91 17 80
Fax: (030) 69 20 40 059
UStID: DE291153827
AG Berlin (Charlottenburg) HRB 152956 B
www.BerlinStory.de, E-Mail: Service@BerlinStory.de

www.BerlinStory.de

Printed by LASERLINE

BILDNACHWEIS

Seite 04 Pesthaus (c) Bildarchiv des Inst. für Geschichte der Medizin Charité - Univ. medizin Berlin / Seite 06 Skelett (c) iStock / Illustrationen (c) Beate Bittner / Seite 07 Pestarzt (c) akg-images / Seite 08 Pesthaus (c) Bildarchiv des Inst. für Geschichte der Medizin Charité - Univ. medizin Berlin / Christian Maximilian Spener (c) Bildarchiv des Inst. für Geschichte der Medizin Charité - Univ. medizin Berlin / Seite 8/9 Arzt in Sänfte (c) Wellcome Collection / Seite 09 Schrift des Königs (c) GStA PK, II. HA, Abt. 14 Kurmark, Tit. 195, Sekt. b, 1. Berlin, Nr. 5, Bd.1, Bl. 1 Vorderseite / Seite 10 Charité 1729 (c) Kupferstichkab. / Bildarchiv Preuss. Kulturbesitz / Bier (c) AVA Bitter-Shutterstock / Seite 11 Krankenträger (c) Berliner Medizinhist. Museum der Charité / Krankensaal (c) Berliner Medizinhist. Museum der Charité / Johann Theodor Eller (c) Wellcome Coll. / Thermometer (c) alamy / Seite 12 Nasenprothese (c) Hunterian Museum at the Royal College of Surgeons / Säge (c) Wellcome Coll. / Blitz (c) Clemens Fobianke / Seite 13 Feldscher (c) Berliner Medizinhist. Museum der Charité / Amputation (c) Wellcome Coll. / Gebiss (c) British Dental Ass. Museum / Seite 14 Beinprothese nach Caroline Eichler aus Berlin, 1834 / Battle Waterloo (c) P Janet - The Print Collector - Heritage Images / Seite 15 Nasenbild (c) Hagströmer Library / Aether Flasche (c) Christoph Weber - Deutsches Apotheken Museum (Inv.-Nr. IIA0083) / Kartoffelsack (c) Creative Market / Soldaten (c) Beate Bittner / Seite 16 Augenoperation (c) Die Gartenlaube, 1857 / Augenmodell (c) Christoph Weber - Berliner Medizinhistorisches Museum der Charité / Seite 17 Explosion-Wolke (c) iunewind - Can Stock Photo / Sauerbruchprothese (c) Christoph Weber - Berliner Medizinhist. Museum der Charité / Aqua Carbolis (c) Christoph Weber - Deutsches Apotheken Museum (Inv.-Nr. IIA1550) / Ferdinand Sauerbruch (c) bpk - Staatsbibl. zu Berlin / Seite 17/18 Soldaten&Kanone (c) Beate Bittner / Seite 18 Rahel Hirsch (c) Leo Baeck Inst. / Armee-Krankentransport (c) Dmytro Zgonnik / Seite 18/19 Beine (c) Beate Bittner / Seite 19 The Agnew Clinic (c) Thomas Eakins, The Agnew Clinic 1889 / Seite 20 Alte Charité (c) Berliner Medizinhist. Museum der Charité / Morphium Flasche (c) Wellcome Coll. / Seite 21 Christoph Wilhelm Hufeland (c) UB der HU zu Berlin, Porträtsamml.: Christoph W. Hufeland / Reitende Ärzte (c) Beate Bittner / Humboldt-Standbild (c) Christian Wolf, www.c-w-design.de / Seite 22 Bücherstapel (c) Beate Bittner / Fahrrad (c) Zeichnung von Carl von Drais / Klebesiegel (c) M. Schupelius / Seite 23 Hörsaal (c) Berliner Medizinhist. Museum der Charité / Chirurginnen (c) Elena Kitch-Shutterstock / Seite 24 HMS Beagle Schiff (c) Olaf Rahardt / Zellen (c) Sebastian Kaulitzki-Shutterstock / Mikroskop (c) Ivan Feoktistov-Shutterstock / Seite 25 Robert Koch (c) Wellcome Coll. / Bakterien (c) Jezper-Shutterstock / Seite 26 Leeuwenhoek (c) Gary Brown - Science Photo Library / Mikroben (c) Yale University Press / SOS (c) Clemens Fobianke / Seite 27 Mikroben (c) Yale University Press / Virchow-Mikroskop (c) Christoph Weber - Berliner Medizinhist. Museum der Charité / Seite 28 alle Nierenpräparate (c) Berliner Medizinhist. Museum der Charité / Seite 29 Milchtüte (c) lastspark-Shutterstock / Robert Koch in seinem Labor (c) bpk / Dynamit (c) alamy / Seite 30 Helm (c) Yuniar91-Shutterstock / Seite 30/31 Medizinisches Material (c) Elena Medvedeva-Shutterstock / Seite 32 Johann Friedrich Dieffenbach (c) Inst. für Geschichte der Medizin der Charité / Illustrationen (c) Beate Bittner / Seite 33 Wäscherei (c) Die Gartenlaube 1883 / Seite 34 Patientenannahme (c) Berliner Medizinhist. Museum der Charité / Rollstuhl (c) Katalog der AG für Feinmechanik vormals Jetter & Scheerer. Tuttlingen, ohne Jahr, S. 2706 / Kaiserswerther Diakonisse (c) Fliedner Kulturstiftung Kaiserswerth / Syphillis (c) iStock / Seite 35 Münzen (c) Yaroslaff-Shutterstock / Seite 36 Illustrationen (c) Beate Bittner / Spielzeug (c) Clemens Fobianke / Seite 37 Gasmaske (c) JRMurray76-Shutterstock / Eingesperrt und angebunden (c) U.S. National Library of Medicine /Seite 38 Fragezeichen (c) 9george-Shutterstock / Elektroschocktherapie (c) Wellcome Coll. / Seite 39 Heilende Strahlen (c) Wellcome Coll. / Drehmaschine (c) Wellcome Coll. / Lunge (c) Peiyang-Shutterstock / Seite 40 Tabletten (c) LHF Graphics-Shutterstock / Saal für Nervenkranke (c) Berliner Medizinhist. Museum der Charité / Seite 41 Therapeut (c) NLshop-Shutterstock / Soldat (c) Wellcome Coll. / Seite 42 Kinder (c) Beate Bittner / Seite 43 DNA (c) Suiraton-Shutterstock / Impfung (c) U.S. National Library of Medicine / Seite 44 Sputnik (c) intueri-Shutterstock / Babyflasche (c) Wellcome Coll. / Krankes Mädchen (c) Cecil Beaton / Getty Images / Seite 45 Paul Ehrlich (c) Wellcome Coll. / Incubator (c) Wellcome Coll. / Contergan (c) Joker-imago / Seite 46 Lebendvirus (c) Berliner Medizinhist. Museum der Charité / Pferd (c) Robert Koch-Institut / Spritze (c) openclipart-johnny_automatic / Herz (c) Whitevector-Shutterstock / Seite 47 Plakat Schluckimpfung (c) DHMD, Dauerleihgabe der Novartis Behring / Mädchen mit Gehhilfe (c) Courtesy Linda L. Christiansen aus dem Buch „All the Steps I Have Taken: Then and Now" / Seite 48 Reagenzgläser (c) Clemens Fobianke / Mikroskop (c) Ivan Feoktistov-Shutterstock / Glühbirne (c) Beate Bittner / Flagge (c) Zurab Sumbadze / Papst (c) spatuletail-Shutterstock / Seite 49 Briefmarke-Mauer (c) neftali-Shutterstock / Soldaten (c) Beate Bittner / Seite 50 Otto Krayer (c) U.S. National Library of Medicine / Aeskulapstab (c) Beate Bittner / Schaf (c) RFclipart / Seite 51 Bonhoeffer Abschiedsvorlesung (c) bpk - Staatsbibl. zu Berlin / Arthur Nicolaier (c) Privatbesitz; wiss. Verwendung derz.: Tim Ohnhäuser / Seite 52 Urteilchen (c) Master_Andrii-Shutterstock / Mauer-Klinik (c) NBL Bildarchiv, imago / Seite 52/53 Demonstranten (c) Beate Bittner / Seite 53 Affen (c) Clemens Fobianke / Ingeborg Rapoport (c) Christian Thiel / Seite 54-59 Medizin. Zeichnungen (c) Valeriya _Dor /Shutterstock-Gitterstrahl (c) Yurii Andreichyn-Shutterstock / Seite 54 Hand-Roboter (c) Linda Bucklin-Shutterstock / Roboter-Zellen (c) Volodymyr Horbovyy-Shutterstock / Seite 55 Arztroboter (c) Ociacia-Shutterstock / Seite 56 Da Vinci Roboter (c) 2018 Intuitive Surgical, Inc. / Seite 57 Dieffenbach (c) Wellcome Coll., E. Behring Jacob van't Hoff Coll. / Koch nach Wilhelm Fechner / Seite 58 Neuro-Simulation (c) Tiko Aramyan-Shutterstock / Seite 59 VR Screenshot (c) YOU VR - Virtual Reality Medical / Ärzteteam (c) tynyuk-Shutterstock / Seite 60 Virchow-Standbild (c) meunierd-Shutterstock / Seite 61 Icon Buch (c) Rova N-Shutterstock / Icon Geld&Herz (c) yut548-Shutterstock Titel: Rollstuhl (c) Katalog der AG für Feinmechanik vormals Jetter & Scheerer. Tuttlingen, ohne Jahr, S. 2706 / Skelett (c) iStock / Mikroskop (c) Ivan Feoktistov-Shutterstock / Säge (c) Wellcome Coll. / Chirurginnen (c) Elena Kitch-Shutterstock / Stethoskop (c) LHF Graphics-Shutterstock / Spritze (c) openclipart-johnny_automatic/Illustrationen (c) Beate Bittner / Auge (c) iStock / Umschlag innen: Stadtplan Berlin (c) Martin Haake / Fotos Charité (3) (c) W. Seitz / Charité Campus Benjamin Franklin (c) Mila Hacke / Koryphäen alphabetisch: Heinrich Adolf von Bardeleben (c) J. C. Schaarwächter / Karl Bonhoeffer (c) UB der HU zu Berlin, Porträtsamml.: Karl Bonhoeffer (1928) / Emil von Behring (c) Wellcome Coll. / Johann Friedrich Dieffenbach (c) Institut für Geschichte der Medizin der Charité / Paul Ehrlich (c) Wellcome Coll. / Johann Theodor Eller (c) Wellcome Coll. / Carl Ferdinand von Graefe (c) UB der HU zu Berlin, Porträtsamml.: Carl F. von Graefe / Ernst Ludwig Heim (c) Wellcome Coll. / Rahel Hirsch (c) Leo Baeck Institute / Christoph Wilhelm Hufeland (c) UB der HU zu Berlin, Porträtsamml.: Christoph W. Hufeland / Otto Hermann Krayer (c) U.S. National Library of Medicine / Arthur Nicolaier (c) Privatbesitz; wiss. Verwendung derzeit: Tim Ohnhäuser / Ingeborg Rapoport (c) Christian Thiel / Johann Nepomuk Rust (c) UB der HU zu Berlin, Porträtsamml.: Johann N. Rust / Ferdinand Sauerbruch (c) bpk, Staatsbibl. zu Berlin / Johann Lucas Schönlein (c) akg-images / Gabriel Senff (c) UB der HU zu Berlin, Porträtsamml.: Gabriel Senff / Kitasato Shibasaburō (c) Wellcome Collection / Christian Maximilian Spender (c) Bildarchiv des Inst. für Geschichte der Medizin Charité-Univ. medizin Berlin / Ludwig Traube (c) UB der HU zu Berlin, Porträtsamml.: Ludwig Traube